在家庭中成長

——非傳統家庭學生團體諮商

謝麗紅　著

作者簡介

謝麗紅

學歷： 國立彰化師範大學輔導與諮商學系博士

國立彰化師範大學輔導研究所碩士

國立彰化師範大學輔導學系學士

現職： 國立彰化師範大學輔導與諮商學系教授

中華民國諮商心理師高考及格

國立彰化師範大學學生心理諮商與輔導中心諮商心理師

國立彰化師範大學社區心理諮商及潛能發展中心諮商心理師

台中市警察局心理諮商顧問

彰化縣少年輔導委員會主任督導

國立彰化師範大學攜手社社團指導教授

經歷： 國立彰化師範大學輔導與諮商學系助教、講師、副教授

國立彰化師範大學學生心理諮商與輔導中心主任

序言

　　身為助人工作的教育者與實務工作者，對於社會變遷與所延伸的問題，不能不關注，也不可能置身事外。長久以來個人致力於協助弱勢家庭的輔導工作，發現隨著快速的社會變遷，家庭結構與家庭生活普遍起了重大改變，進而衝擊「傳統家庭」的優勢。現今的家庭結構形式及價值規範變得更多元，因應而生的廣義家庭包括單親家庭、繼親家庭、同居家庭、隔代教養家庭、分居家庭、候鳥家庭、外籍配偶家庭等非傳統家庭數量愈來愈多，使得傳統家庭應有的功能受到影響，相對在非傳統家庭中成長的子女自然受到不少衝擊。非傳統家庭不必然對其子女的成長有負向的影響，但確實帶來較多的不利因子，因為父母本身也可能因為家庭、經濟、適應問題等因素而遭遇許多困難，無法適時對孩子提供較好的成長環境。為讓非傳統家庭子女有較理想的成長環境，以克服不利的家庭因子，除了家庭之外，學校是兒童與青少年學習及生活的主要環境，因此學校諮商人員及老師應該適時提供必要的協助與介入。

　　在考慮輔導非傳統家庭學生的介入策略時，團體諮商是一種相當適合的輔導方式，因為相較於個別諮商，團體諮商集合一群有相同際遇與問題的成員，可以讓當事人感覺不孤單，問題正常化，能感受隸屬感與情緒支持，有共同關心的議題等，這些特性都有助於當事人投入諮商歷程，進而產生成長與改變動力。

　　基於上述的概念，本書目的在於協助團體領導者在進行非傳統家庭子女團體諮商前，能做好團體前的準備工作，以利團體有效進行。本書共分兩個部分，第一部分是概念篇，內容包括：非傳統家庭學生之問題與輔導、非傳統家庭學生團體諮商方案設計原則；第二部分是實務篇，內容為適合各類非傳統家庭學生團體諮商方案。希望能提供團體諮商領導之學習者或團體諮商實務工作者，對非傳統家庭學生特性與團體諮商方案設計有進一步的了解與運用。

　　本書概念篇的部分由本人執筆，而實務篇的團體諮商方案則是由本人及邀集國立彰化師範大學輔導與諮商學系碩士與大學部層級準諮商員所設計。由於作者不同，在各章體例上會有小處差異，筆者認為可以保留各自的設計特色。讀者可以就擬訂進行團體諮商的潛在成員特性、需求與配合團體性質，選擇適合的團體方案或加以

調整以符合實際狀況，以利非傳統家庭學生輔導的進行。

　　本書得以完成，要感謝所有參與團體諮商方案設計的準諮商員、參與各團體諮商的成員、心理出版社與林總編輯敬堯與高執行編輯碧嶸、協助校稿的林上能同學，希望我們的投入能對非傳統家庭輔導工作之推展有所貢獻！我們雖然立意良好，難免有所疏漏，尚祈諮商領域專家、同好不吝指正。最後要謝謝我的家人、親愛的先生嘉吉與貼心的我兒恩宇，你們是我生命中最好的伙伴，因為有愛，生命歷程得以因此更為豐厚、璀璨！

謝麗紅

於國立彰化師範大學輔導與諮商學系

2007 年 3 月 6 日

目錄

概念篇

第一章
非傳統家庭學生之問題與輔導

隨著快速的社會變遷，家庭結構與家庭生活普遍起了重大改變，進而衝擊「傳統家庭」的優勢。現今的家庭結構形式及價值規範變得更多元，因應而生的廣義家庭包括單親家庭、繼親家庭、同居家庭、隔代教養家庭、分居家庭、候鳥家庭、外籍配偶家庭等非傳統家庭數量愈來愈多，使得傳統家庭應有的功能受到影響，相對在非傳統家庭中成長的子女自然受到不少衝擊。

功能健全的家庭具有滿足個體生理、心理及社會等需求的功能，是個人人格健全成長的關鍵。兒童、青少年尤以家庭為其生活的重心，因此家庭生活經驗與親子互動關係對其身心方面的發展，均具有莫大的影響。家庭是個人社會化的最重要的單位，當家庭功能不彰時，對兒童與青少年將產生相當不利的影響，不容忽視，故期盼學校、社會輔導體制能發揮發展、預防性的輔導功能，適時介入協助，以降低家庭的危險因子，進而減少兒童與青少年適應問題的產生。

本章首先說明家庭的功能，其次說明家庭結構型態、現況與其衍生的問題，最後則提出對非傳統家庭子女的輔導策略。

一、家庭的功能

家庭是我們生命第一個接觸的場所，是我們避風、棲息的港灣。人的一生幾乎都在家庭中生活，家庭經驗對我們有深遠的影響，可以讓我們快樂，也可能深深傷害著我們。一般而言，家庭透過以下各種功能的發揮來滿足個體的生理、心理與社會性的需求：(1)生殖的功能；(2)養育的功能；(3)社會化的功能；(4)經濟與照顧的功能；(5)情感的功能；(6)傳遞延續社會地位的功能等等。所以家庭對兒童與青少年有保護、教育與社會之主要功能，是其他團體無法取代的！

二、家庭結構型態與現況

(一)傳統家庭

由雙親與子女所組成的家庭，以共同與永久生活為目的。

(二)非傳統家庭

兩個或兩個以上的個體相互許諾，並且分享親密、資源、決策與價值之廣義家

庭。

1. 單親家庭：指家庭中只有一位父親或母親持家的情況，即由一位單親與子女所組成的家庭。其形成原因包括：離婚、喪親、分居、離家、失蹤、未婚懷孕、不婚認養等，其中以父母離異對子女影響最大。根據內政部（2005）統計資料顯示，台閩地區粗離婚率十四年間約增加一倍，雖然比離婚率高的歐美國家為低，但是與亞洲地區國家相比則顯著偏高。如 2007 年 1 月離婚對數就高達 4,826 對，折合年粗離婚率為 2.48‰，較上年同月增加 0.06 個千分點，可見離婚率有增無減的趨勢（內政部，2007）。

2. 外籍配偶家庭：是指父親或母親為外籍人士所組成的家庭，又稱為新移民家庭。最近十年來，台灣跨國婚配人數遽增，根據行政院主計處 2006 年 4 月發布的資料顯示外籍配偶共有三十六萬多人，外配家庭在學子女已經超過 46,000 多人，平均每七到八名新生兒就有一人為新移民所生，此一數目預計逐年升高。

3. 重組（繼親）家庭：指父母離婚或父母一方死亡後再婚，而與生父（母）、繼母（父）同住的家庭型態。隨著離婚率升高，離婚再婚也很普遍，根據內政部 2004 年統計顯示再婚又離婚的比率超過 70%。

4. 隔代教養家庭：父母角色缺席，而由祖父母或是隔代其他親友承擔兒童與青少年養育責任之家庭型態。行政院主計處 2006 年所做的台灣地區青少年狀況調查統計，指出十二到十四歲少年目前之居住型態，未與父母同住者占 2.87%，其形成原因：死亡、離婚、遺棄等生活事件，父母不能或是不願意照顧孩子。

5. 候鳥家庭：是台灣近十年來新呈現的家庭型態，肇因於兩岸投資往來的熱絡，台商到大陸發展，夫妻及子女兩岸分居，父親隔一段時間才回台，在來來去去之間，如候鳥一般，是台灣家庭的「新分居時代」。根據海基會經貿處估計，在大陸的台商加上台籍企業幹部目前多達五十萬人，其中絕大部分把家眷留在台灣，如以一人平均兩個小孩來估算，則有一百萬台商子女在台灣（楊艾俐，2004）。

三、非傳統家庭可能衍生的問題

(一)單親家庭子女所面臨的困擾

　　離婚或喪親若具有共同的特徵，那就是改變，改變可能是家庭的危機，也可能是個轉機，但無論如何，當事人都需要重新適應這些改變。有些改變早在離婚或喪親事件之前就已經開始；而有些改變則在事件發生之後而且持續許久。

1. 家庭經濟改變，生活較為困難：很多因素造成單親家庭有較低的生活水準，最明顯的是家庭的經濟能力。因為單親家庭只有單薪收入，單親家長可能忙於生計、較少時間可以陪伴子女與料理家務，而增加單親家庭的適應問題與降低物質生活品質。

2. 搬家、轉學、寄養（隔代教養）：父母離婚後可能需要搬家、轉學或寄養於祖父母或親友家，使當事人面臨更換新鄰居、同學與學校，因環境與人際關係的變動而造成壓力與適應困難。

3. 責任加重：子女覺得需要取代缺席的父母，覺得需多協助家務、照顧弟妹及顧及父母情緒之需要，出現「職務代理」現象，這些現象可能剝奪了兒童與青少年的自然情緒發展。

4. 父母再婚：離婚或喪偶並不代表當事人選擇放棄婚姻，很多單親可能會考慮再婚或同居。一般而言，兒童與青少年會期待已離婚的父母再度復合，離開的單親會再回來，因而反對父母再婚，進而延伸出是否接納繼親的問題。若父母再婚，則他們要面臨與繼父母或繼兄弟姊妹相處的適應問題。

5. 監護權與探視權的爭執：父母常因監護權與探視權的歸屬問題產生新爭執，使子女夾在父母之間左右為難，得了爸情失了媽意，或有監護權的單親不讓沒有同住的單親來探視小孩，使其無法同時享有雙親的愛，而十分不安與缺乏安全感。

6. 心理適應問題：面對離異、喪親這種改變過程，對當事人而言是相當困難的，常導致當事人產生消極的態度及行為，對其身心各方面的發展影響甚大。許多研究結果顯示，單親家庭子女比傳統家庭子女容易貶低其自我概念、自責、較多行為困擾、情緒痛苦、擔心被遺棄、反社會及激動行為、攻擊、依賴、焦慮、社會關係困擾，及較多學校問題行為。有些研究則顯示不是家庭結構

影響單親子女的適應問題，而是家庭互動關係、父母的衝突程度、家長的管教態度、同住單親的適應狀況、與沒有監護權單親的關係，及當事人的情緒與特質傾向等因素的影響。平均而言，父母離異或喪親與子女心理問題的風險增加具有關連性（李曉燕、李詠慧，2005；謝麗紅，1990）。

(二)繼親家庭子女的困擾

1. 家庭關係緊張與疏離：繼親家庭的人際關係較為複雜，因為很多再婚者都已經育有子女，所以繼親家庭就同時可能存在著原親、繼親、手足、繼手足（異父異母）、半手足（同父、異母或同母、異父），因著組成成員的複雜性，也讓家庭關係變得緊張與疏離。

2. 缺乏信任感、安全感與親密關係：繼親家庭的子女在父母再婚前，曾經歷了一段與原親分離的失落經驗，不管是父母離異或喪親，都會影響到子女的心理適應，使他對人缺乏信任感、安全感，較難在短時間與繼親建立親密關係。

3. 與繼父母的親子衝突：單親家庭的子女對於單親提議再婚時，多半因為期待離婚的原生父母會再度復合，所以會抗拒單親再婚的打算，排拒繼親加入家庭行列，而影響與繼親關係的建立，甚至造成與繼親的關係緊張與衝突等親子互動問題。

4. 自卑、退縮行為：對於繼親家庭的子女而言，不僅由於自身內在反抗的特質，對父母關愛的失落、對繼父母的認同度、同儕與社會眼光的壓力等，使得兒童與青少年自認為來自破碎家庭，會隱藏自己來自單親或繼親家庭的事實，或從人際互動中退縮，以避免一些困擾，因為人際退縮進而產生焦慮、孤獨、寂寞感與失落感等情緒困擾，而影響其自我概念。

5. 與繼親兄弟姊妹的相處問題：繼手足因來自不同的家庭成長背景，生活習慣可能相當不同，再加上擔心繼手足的加入影響了自己的生活空間及在家中原有的地位，分享了父或母的關愛，加上繼父母可能對於自己再婚後的親生子女特別偏愛，而給繼親子女有偏心的感覺，諸多現象往往需要更多的磨合與適應，增加繼親家庭人際關係的適應問題。

(三)外籍配偶學生的困擾

1. 語言學習的困擾：根據陳烘玉等人（2004）研究指出，語言交流、識字能力等隔閡是造成外籍配偶子女教育問題的重要因素之一。劉秀燕（2003）研究

發現，外籍配偶家庭子女確實存在整體學習成就偏低的情形，主要原因可能為身心遺傳因子、文化教養的差異、語言的隔閡、社經地位、家庭背景等因素。

2. 文化、價值觀衝擊與隔閡：外籍配偶子女在班級中所處的地位是屬於非主流地位，因此目前之教學方式和教材內容可能因為文化或價值觀之差異，以致於影響其學習成就或造成學習困難。

3. 不利性別角色認同與自尊心的建立：由於外籍配偶的婚姻關係可能建立在「買賣」上，買尊賣低的權力議題，容易在家庭互動模式中被突顯出來，在家中男尊女卑的互動模式，子女長期觀察與模仿的結果，實不利於性別平等教育及子女的性別角色認同。

4. 心理適應與偏差行為：針對外籍配偶家庭子女所進行的研究指出，外籍配偶在跨文化環境的衝擊下，必須面臨許多生活適應問題而產生的情緒困擾，對其子女表現影響較為負面，包括內在行為表現上較為被動、沈默、缺乏信心、不專心、喜怒哀樂不明確等；在外在行為表現上亦較為不理想（林璣萍，2003；劉秀燕，2003）。

(四) 隔代教養子女的困擾

1. 與父母的親子互動不足：隔代教養家庭父母親因某些因素不能親自照顧子女，而祖父母或其他隔代親友取代父母親應扮演的角色與任務，使得親子互動機會變得相當低，但父母的愛是無法取代的，隔代教養容易降低了親職對子女的影響力。

2. 家庭經濟問題與壓力：肩挑教養孫子女的責任，對祖父母而言最大的挑戰是經濟問題，祖父母可能因退休或身體狀況而無謀生能力或固定經濟來源，面對自身與孫子女的生活與教養費用，帶來相當大的壓力與困擾。

3. 管教方式不一致導致價值觀混淆：隔代教養家庭對子女影響最大的是祖父母的教養方式與態度，祖父母容易過於嬌寵、縱容或冷落孫子女，或與父母親的教養態度不一致，而導致孩子無所適從或價值觀混淆，有時則因為祖父母年紀大、體力較弱，而無法勝任管教孫子女的責任。

4. 代溝問題：時代快速變遷，由於祖父母的年齡與孫子女的差距相當大，難免存在代溝問題，尤其是語言、文化與價值觀的差異可能相當大，而影響隔代間之親子溝通與互動關係，甚至祖父母無法勝任課業指導的任務。

5. 心理適應與偏差行為問題：對隔代教養家庭子女所進行的研究多半呈現較負向的結果，如隔代教養子女在情緒上會有被拋棄、失落、自卑、孤立、寄人籬下、是祖父母的包袱之感覺，較缺乏成就動機與生涯規劃，行為或課業上出現較多適應問題（邱珍婉，2004）。

(五)候鳥家庭（台商）子女的困擾

候鳥家庭是一種雙親家庭、單親持家的特殊家庭型態。由於「父親」角色的經常缺席，所有父母的角色承擔都落在女性配偶身上，所以實質上很像是一種「單親家庭」。

1. 缺乏安全感：台商家庭缺乏安全感常來自整體環境，台商在大陸投資與人身風險相當高；夫妻分隔兩地的生活型態，容易有夫妻情感維繫問題、外遇的風險與家庭破裂的風險，讓家人普遍缺乏安全感。

2. 缺乏性別認同對象：父母是孩子認同的楷模，也是性別角色認同的主要對象。對男孩而言，父親長年不在家，使其缺乏男性性別角色認同對象，不利於其男性角色的發展；對女孩而言，則可能因為缺乏父愛而影響其對兩性關係的處理，甚至可能喜歡以父執輩年長的人為異性交往的對象。

3. 價值觀念問題：台商父親事業成功，相對因商務繁忙而缺乏足夠的時間陪伴家人，因而產生虧欠家人的罪惡感，可能因此產生補償心態，儘量在物質與金錢上充裕提供，但反而會造成子女產生拜金主義的價值觀，其實父親的愛是無法用金錢來替代的。

4. 心理適應與偏差行為問題：台商家庭面對相當多的不確定，父親角色的缺席、夫妻關係的維繫、小孩的教養問題、家務與家人關係的處理等，往往需要偏勞單獨留在家中的母親，使得母親承受相當大的壓力，這些不利因素對孩子的適應與發展會造成很大的影響。

四、非傳統家庭輔導策略

非傳統家庭不必然對其子女的成長有負向的影響，但確實帶來較多的不利因子，因為父母本身也可能因為家庭、經濟、適應問題等因素而遭遇許多困難，無法適時對孩子提供較好的成長環境。為讓非傳統家庭子女有較理想的成長環境，以克服不利的家庭因子，除了家庭之外，學校是兒童與青少年學習及生活的主要環境，因此

學校諮商人員及老師應該適時提供必要的協助與介入。下列途徑便是用來幫助非傳統家庭子女適應之具體可行的輔導策略：

(一)提供家長諮詢、諮商

在輔導兒童與青少年的過程中，對於他們生活世界中之重要他人的協助是相當重要的關鍵。因為父母本身的情緒及心理調適狀況，會影響子女對家庭結構的調適與身心發展狀況。因此，透過提供家長諮詢或諮商，諮商師可以協助父母面對婚姻與家庭狀況可能給自己及子女所帶來的問題，幫助父母調適及成長，改善親子互動關係，勝任親職角色與任務。一旦父母在生活上能有良好的適應，情緒將會漸趨穩定，則他們將能給子女較多的關懷，並改善教育子女的態度及親子關係；這些都是幫助非傳統家庭子女改善家庭生活的有效助力。

(二)提供教師諮詢

除了家長外，兒童與青少年生活中的另一個重要他人是教師，教師與其關係密切，輔導人員應取得教師的配合，共同來協助兒童與青少年。就對於學生的瞭解而言，班級教師比輔導人員清楚；但就心理輔導知能而言，則輔導人員優於班級教師。在輔導父母離異兒童時，輔導人員可擔任諮詢與顧問的角色，透過個別會談或諮詢會議的方式，使教師在幫助兒童適應方面扮演重要的支持角色。

(三)進行個別諮商

在個別諮商的進程中，諮商員應瞭解非傳統家庭子女的心理需要，澄清兒童與青少年的情感，抒發其情緒，以減少其憤怒、壓抑和焦慮的情緒；同時須教導兒童與人建立良好的人際關係及解決生活困境的知能。其輔導原則如下：

1. 瞭解當事人在壓力期間最需要的是什麼及其可能的行為反應。
2. 注意當事人的行為改變。
3. 有耐心地關照當事人，但不給予過多的保護。
4. 建立安全、信任的關係，讓當事人在無威脅的經驗下去體驗及表達他們內在的感覺及情緒。
5. 傾聽當事人的訴說，讓當事人不覺孤單。
6. 著重危機調適與新生活調適的探討。
7. 協助當事人減輕情緒困擾，學習適應與問題解決技巧。

㈣實施班級輔導

利用班級輔導的方式，使兒童與青少年瞭解家庭制度的變遷、家庭結構的類型，以正常化非傳統家庭型態，使兒童與青少年能接受、不嘲笑來自非傳統家庭的同學；另可與其共同討論未來若遭逢家庭結構的變遷，如何因應家庭狀況改變所帶來問題的具體策略。

㈤認知與閱讀輔導（讀書治療法）

非傳統家庭子女對家庭結構的信念，是影響兒童生活適應的關鍵，而信念可藉由認知的途徑來加以輔導。讀書治療是輔助達成認知改變與成長的另一種方法，諮商師可以非傳統家庭子女可能會面臨的問題為討論議題，選取適當的閱讀媒材，協助非傳統家庭子女自我認同、因應相關的困擾。

㈥安排團體諮商

在協助兒童與青少年適應父母離異的許多途徑中，團體諮商是一種最有效的輔導方式。因為團體諮商可以集合背景相似、在生活與發展上具有相同困擾的成員，在一個安全、支持的團體氣氛下，去除孤獨感，分享來自非傳統家庭的感受，適當地表達情緒，澄清一般錯誤的觀念，學習因應家庭、學校、人際等方面的問題，以及學習適應生活環境的能力與技巧。

在團體過程中，兒童與青少年可能較難用口語去表達他們的感覺；因此，可借助實物作為媒介物，如沙箱、布偶、漫畫、聽錄音帶、看錄影帶等方式來幫助兒童表達情感。Corey（1987）也曾提出許多領導兒童團體可以使用的技術：諸如角色扮演、繪畫、完成未完成的故事、演布偶劇、演奏音樂、跳舞、讀書諮商、鏡子的使用、作詩歌、填未完成句、演戲、示範等。大體說來，用於兒童與青少年團體諮商的技術是具體而活潑的，在活動過程中要儘量能引起成員的興趣，給予較多直接操作的機會。

參考文獻

內政部（2004）。92 年台閩地區人口婚姻狀況分析，新婚與再婚者年齡。取自
　　http://www.moi.gov.tw/stat

內政部（2005）。**內政部統計資訊服務網**。取自 http://www.touchlife.org/life_decoding. asp? article_id=358&whichpage =1&title=life_marriage

內政部（2007）。**內政部統計資訊服務網**。取自http://www.moi.gov.tw/stat/index.asp

行政院主計處（2006）。**中華民國統計資訊網**。取自http://www.stat.gov.tw/ct.asp? xItem=15408&CtNode=3623

李曉燕、李詠慧（譯）（2005）。**婚姻、離婚與兒童適應**。台北：心理。

林璣萍（2003）。**台灣新興的弱勢學生——外籍新娘子女學校適應現況之研究**。國立台東大學教育研究所碩士論文，未出版，台東。

邱珍琬（2004）。**變化中的家庭——隔代教養**。台北：學富文化。

陳烘玉、劉能榮、周遠祁、黃秉勝、黃雅芳（2004）。**台北縣新移民女性子女教育發展關注之研究**。論文發表於國立嘉義大學師範學院舉辦之「外籍與大陸配偶子女教育輔導」學術研討會，嘉義。

楊艾俐（2004）。台商撕裂的痛楚・百萬台商之子。**天下雜誌，296**。

劉秀燕（2003）。**跨文化衝擊下外籍新娘家庭環境及其子女行為表現之研究**。國立中正大學犯罪防治研究所碩士論文，未出版，嘉義。

謝麗紅（1990）。**多重模式團體諮商對父母離異兒童家庭關係信念、自我觀念及行為困擾輔導效果之研究**。國立彰化師範大學輔導研究所碩士論文，未出版，彰化。

Corey, M. S., & Corey, G. (1987). *Groups: Process and practice*. California: Books/Cole.

第二章

非傳統家庭學生團體諮商方案
設計原則

在考慮輔導非傳統家庭學生的介入策略時，團體諮商是一種相當適合的輔導方式，因為相較於個別諮商，團體諮商集合一群有相同際遇與問題的成員，可以讓當事人感覺不孤單，問題正常化，能感受隸屬感與情緒支持，有共同關心的議題等，這些特性都有助於當事人投入諮商歷程，進而產生成長與改變的動力。

助人者若決定以團體諮商作為介入的輔導策略，則應先做好本身領導能力與團體前的準備工作，包括具備領導團體能力、瞭解團體諮商對象的特質與需求、設計團體方案、和所屬機構溝通團體方案的理念以取得機構配合、招募與篩選成員、召開團體前預備會議等等團體前的準備工作。本章擬針對設計非傳統學生團體諮商方案時應注意的原則加以討論。

一、評估潛在成員的特質與需求以決定有效的介入方式

設計團體諮商方案時，首應評估團體的對象為何，他們的特質、發展階段、發展任務、可能遭遇的困擾、對團體的期待、哪種介入模式較具效果等，均是領導者在規劃團體方案時應考慮與評估的重要事項。

二、領導者的心理準備

領導者抱持何種態度進入團體會影響領導角色與團體成員之互動過程，領導者應就自己為何要帶領此團體的動機、對成員的態度、可以投入的心力與時間程度加以思考與覺察，相信領導者的態度愈積極正向，愈有助於團體的正向效益。尤其是對於非傳統家庭學生若是存在迷思，容易對該成員貼上負向標籤，進而干擾領導者之客觀性，所以領導者可以透過檢視自己對非傳統家庭的信念，若存有迷思應加以澄清與破除。一般對非傳統家庭容易具有下列迷思：

1. 非傳統家庭是「不正常」的家庭。

2. 單親等於破碎、不穩定、問題家庭。

3. 非傳統家庭的子女較多偏差行為。

4. 單親或離婚是丟臉沒面子的事。

5. 最好避免提及當事人的傷心事。

6. 非傳統家庭很難有幸福可言。

來自非傳統家庭學生確實比傳統家庭學生有較多來自家庭的不利因素，也發現具有偏差行為的青少年往往來自非傳統家庭，但並不表示來自非傳統家庭的青少年就一定會出現適應問題或偏差行為，我們不應該低估非傳統家庭型態對兒童與青少年的影響，同時也不應誇大家庭型態必然會造成兒童與青少年偏差行為的機率，因為如此忽視或過度強調非傳統家庭的不利因子，對非傳統家庭而言是相當不公平的。若父母及學校老師與輔導人員能多留意青少年的狀況，並且注入更多有利成長的正向因子，相信非傳統家庭也能是幸福的家庭！

　　領導者檢視與破除對非傳統家庭的迷思相當重要，因為這些錯誤觀念可能悄悄地存在領導者的思維中而不自知，無形中對成員冠上負向的標籤，也可能影響著領導者與該成員的互動關係。

三、團體諮商領導者角色與能力

　　領導者角色是影響團體效果的重要因素，團體的效能大部分決定於成員如何被帶領及如何將團體導向目標。除非有人在團體中引導，整合成員的各種活動、行為，否則有效的團體行動就很難產生，而這個人常常就是團體的領導者，領導者在團體內所說的、所做的是決定團體效果的重要因素，即團體領導者的人格特質、技巧、策略的運用和領導風格，都會影響整個團體過程（謝麗紅，1998）。

　　一位勝任的團體領導者應當具備何種領導能力？團體領導能力的探討包含甚廣，筆者統整文獻所及，大致可分為團體領導者的特質、理論基礎、團體前的準備技巧、領導者的技巧、團體諮商的專業行為等五大向度，茲將每一向度的能力內涵分別說明如後，以供團體領導者領導能力訓練之參考：

㈠團體領導者的特質

　　有很多的作者提到成為有效團體領導者的人格特質（Corey, 1990; Trotzer, 1989），這些被討論的特質是勇氣、願意示範、關心、開放、以不防衛的態度處理攻擊、彈性、溫暖、客觀、幽默感、可信任、有別出心裁的創意、誠實、有力量、認同感、有耐心、敏感、自我覺察和心理健康。其他尚包括一些會使自己和別人都感到舒服的特質：喜歡人、對自己的領導有信心、有能力瞭解別人。

　　除了一般的團體領導者所應具有的特質外，Krieg（1988）尚特別針對帶領青少年團體的領導者，提出在人格特質方面所應具備的基本要素，包括：具有正向自我

概念與強烈的自我覺察感、對青少年具有正向的感覺、能被學生信任、對於掌握團體的能力具有自信。

(二)理論基礎

根據 ASGW（Association of Specialists in Group Work, 1983）及 CACREP（Council for Accreditation of Counseling and Related Educational Programs, 1988）所公布的團體諮商訓練專業標準中，具體地指陳一個合格的團體領導者所應具有的知識能力，如下列幾大類：

1. 在團體理論知識上：這部分所含括的範圍有三大類，一是團體諮商的主要理論，包括：對不同理論之間的差別及共同概念的認識。二是團體動力學原理，包括對團體歷程的要素、團體發展的階段，以及團體成員的角色與行為的瞭解。三是團體領導的風格與方法：包括對不同類型團體領導者特點的知曉。

2. 在有關團體的方法學及研究上的知識：這部分的知識包括對團體工作研究最新訊息的留意、對其他類型小團體的研究、理論和方法的認識，及對團體諮商方法的熟悉，包括團體諮商員的理論取向與行為、對倫理的思考、適當的選擇標準和方法，以及評定績效的方法。

3. 對於團體進行或成員的相關知識：對於此方面，領導者應當要知道成員所可能出現的具有催化作用與妨礙性作用的角色與行為是什麼、團體工作的優點與缺點及適不適合做治療性介入的情境為何、團體發展過程中團體互動的特質，及諮商員在團體發展階段的角色，及與團體工作有關的倫理與專業上的議題。

4. 在對自己的瞭解上：這裡所指的是對個人自身的優點、缺點、價值觀，以及其他會影響個人擔任領導者能力特質的瞭解。

除了上述所列舉的知識背景外，Jacobs、Harvill 和 Masson（1994）還提醒領導者：若要成為一位有效的領導者，尚須具備所要帶領的團體主題方面的知識，及對基本的人性衝突與兩難情境有深入的瞭解（劉安真等譯，1995）。

(三)團體前的準備技巧

如果要使一個團體獲得成效，前置工作必須作好，因為團體領導者在這一形成階段所作的準備，對於一個團體的效果是十分關鍵的（Corey, 1990），因此這部分的領導者能力絕對不容小覷。

這部分的能力根據 ASGW（1983）及 Corey（1990）所標明的準則，包括：具有設計團體方案、和機構溝通團體的方案與理念以取得機構的配合、招募成員、向可能的成員說明團體的性質、目標、進行方式與規範、篩選及評估欲參加的成員、召開團體的預備會議、為團體安排適當的場地與活動、與協同領導者充分溝通理念，並培養帶領團體的默契、於每次團體進行前能做好身心準備，以便全力投入團體。

㈣領導者的技巧

　　所指的是團體領導者能運用各種技術，以展開、推動與結束團體歷程的能力，所涉及的是領導者與成員的種種互動。

　　ASGW（1983）及很多專家學者（Corey, 1990; Glassman & Kates, 1986; Krieg, 1988）都曾提出團體領導能力的標準，經整理之後，筆者依團體發展的歷程，將各階段所需的技巧分陳如下：

1. 在團體初期所需的技巧

　　團體的初期階段是一個定向和探索的時期，所需的技巧包含兩方面：一是具備協助團體成員相互認識的技巧，主要的目的就是打破彼此的陌生與不安，而帶動彼此的互動。二是能有效建立團體信任感，建立信任對團體的持續發展是至關重要的（Corey, 1990）。一般成員通常都會帶著某些期望、問題和焦慮來到團體，因此領導者要能和成員一起探查他們的期待、恐懼、目的及一些誤解，以增進彼此的信任感，這是相當重要的任務。

2. 在團體進行中所需的技巧

　⑴基本的反應（溝通）技巧：積極傾聽、初層次同理心、澄清、具體化。

　⑵催化團體交互作用的技巧：支持、解釋團體動力、連結、打斷、設限、制止並防範團體成員出現反效果的行為、解決衝突、使用非口語行為（如眼神接觸、觀察）、沈默、立即性、反映、仲裁（執中）、示範。

　⑶協助團體工作，以達成目標的技巧：結構化、引導團體進行的方向、聚焦、自我揭露、提供資料、角色扮演、提出具體計畫、建議、探索、停留在情緒中、直接指導、解釋個人心理動力、面質、挑戰、增強、再架構（reframing）、使用家庭作業、能和協同領導者一起有效地工作。

　⑷洞察團體社會生態的技巧：知悉團體的氣氛、敏感於團體的同盟，並能加以妥善處理。

3. 團體後期所需的技巧

團體近尾聲，一個好的領導者應當知道如何收尾，使團體有個完整的結束，所需的技巧包括：知道如何有效地對一次聚會及整個團體作結束、能運用評量的方法來評估團體的效果，及能運用追蹤的程序來維持和支持團體成員等三方面。

(五)團體諮商專業行為

意指團體領導者對專業與工作倫理的瞭解與奉行。Corey（1990）曾指出與團體領導有關的倫理議題有：知曉團體成員的各種權利，包括對訊息的承諾和保密、知後同意權、志願參加與退出、不接受強制與不適當壓力的自由；團體的心理冒險；團體技術的使用和濫用；團體領導者價值觀的影響作用；與當事人的個人關係，以及社會與法律準則。

此外，從 ASGW（1989）、Gumaer 和 Martin（1990）及中國輔導學會所明訂的倫理綱領中，我們可以看出團體領導的倫理考量，範疇包括對領導者的資格限定、對專業知識的要求、對工作機構相關制度與規範的瞭解與配合、對工作角色的勝任，及對成員權益的尊重與維護。在時間上則含括從團體前的準備工作一直到結束團體的處理。

四、非傳統家庭團體方案設計原則

(一)團體的主題

團體諮商的主要目標在於協助成員達成發展任務，因此應以團體對象感興趣與困擾的議題為團體探討的主題，如此才能加強成員參與團體的動機與參與度，並能達成團體的預設目標。

(二)問題同質性團體

形成團體前領導者需考慮團體成員的同質或異質性問題，通常以「問題」同質性來組成團體較為適宜，因為團體成員有相同的困擾，容易形成團體共同的議題，增加隸屬感與普同感，有助於團體療效因素的產生。如同屬單親家庭、父母離異家庭與喪親家庭的子女所面對的議題就不盡相同，不應放在同一個團體來進行團體諮商，在招募團體成員時應特別加以區分。

(三)為團體正向命名

領導者對團體的命名，除了考慮符合團體的性質、目標，發揮創意外，還需避免負向的標籤作用，儘量讓團體名稱有正向的成長意義。尤其是性質較特殊的團體，更需注意團體的命名，如此可以避免成員參加團體有被貼負向標籤的感受，覺得自己是有問題需要輔導等負向的情緒。亦可以在團體形成後的第一次會議邀請成員自行為團體命名，增加成員的參與感與凝聚力。

(四)團體時間

由於青少年能專注集中注意力的時間有限，因此團體每次的時間不宜過長，應以 45～90 分鐘為原則，以免因成員疲累無法集中精神而減損了團體的效果，成員若為在校學生（如國中生），可以配合學校課程的作息時間來安排團體的時間。時段的安排亦可儘量避免成員精神不佳的時段，如一大早，或中午午休時間等。

(五)團體次數

青少年團體每次進行的時間較短，因此進行的頻率可以較為密集，如一週可進行 1～2 次，而且是持續進行不要突然間斷，如此可以增加團體凝聚力的產生。另外為使團體能有效進入工作階段，團體總次數不能太少，青少年團體最好能持續進行10 次以上，避免因團體次數太少而減少團體的效果；當然若團體成員為在學學生，則團體的長度需考慮學校的學期制度。

(六)團體人數

團體人數可以以團體性質與時間多寡為考量，青少年團體通常每次 45～90 分鐘，因此人數不宜過多，8～10 人為宜。成員人數太多可能因時間關係使得互動與團體的深入性受損；相反的，人數太少則會讓每個成員感受到較多的參與壓力，且較難發揮團體互動、腦力激盪的效果。

(七)活動與媒介物的運用

團體領導者設計青少年團體時，可配合學生的認知、語言能力，多藉由活動的安排與媒體的運用，作為引發互動、溝通的工具，並增加團體的趣味性。如肢體活動、人際溝通活動、角色扮演、布偶劇等活動、錄音帶、錄影帶、繪畫、紙筆、閱

讀資料等媒介物的運用，皆能增進團體的趣味性、多元性與成員的參與度。

(八)結構性、同質性團體

Corey（1992）主張結構性、同質性的團體較適合青少年團體，因為在團體初期成員對團體的進行方式通常不甚瞭解，而「結構」有助於團體的進行。另外同質性團體因成員有某種相似的情況，較能提供成員彼此的支持，衝突較少，容易使團體產生凝聚力，有共同關切的議題，較能發揮團體的效果。

(九)尊重家長的監護權

青少年團體的成員大多屬於未成年者，家長具有監護權，因此領導者在帶領團體前除應徵求學生參與團體的意願外，最好取得家長的同意，以免日後產生不必要的困擾與糾紛。

(十)具有領導者的團體較為適合

團體以有無領導者帶領可分為一般團體與自助團體兩種，但青少年團體比較適合有領導者帶領的團體，因為自助式的團體缺乏領導者，容易讓團體顯得散漫、沒有方向而無法有效進行，而團體中的領導者可有較多的引導與示範，使成員知道如何在團體中互動。

(土)可配合諮詢以增進團體效果

環境與重要他人對青少年的行為有很大的影響，他們的問題困擾與外在環境及重要他人息息相關，尤其是來自非傳統家庭子女所組成的團體，成員的議題大都與家庭結構或家人互動有關，所以除了針對青少年進行輔導外，必要時可配合提供家長諮詢或諮商，改變環境對青少年的負向影響，或由重要他人提供正向健康的成長環境，都能增進對青少年輔導的效果。

📖 參考文獻 📖

劉安真、黃慧涵、梁淑娟、顏妃伶（譯）（1995）。**團體諮商策略與技巧**。台北：五南。

謝麗紅（1998）。**團體諮商領導能力評量表編製與相關研究**。中國輔導學會四十週

年慶學術研討會。

Corey, G. (1990). *Theory and practice of group counseling*. California: Books/Cole.

Glassman, V., & Kates, L. (1986). Techniques of social group work: A framework for practice. *Social Work with Group, 9*(1), 9-38.

Gumaer, J., & Martin, D. (1990). Group ethics: A multimodal model for training knowledge and skill competencies. *Journal for Specialists in Group Work, 15*(2), 94-103.

Trotzer, J. P. (1977). *The counselor and the group: Intergrating theory, training and practice*. Montery, CA: Books/Cole.

實務篇

第三章
父母離異家庭學生團體諮商方案設計實例

勇敢飛翔——父母離異兒童成長團體

◎謝麗紅／設計

一、**團體名稱**：勇敢飛翔——父母離異兒童成長團體。

二、**團體總目標**：

    1. 增進兒童之間的互動和支持，分享彼此的經驗。

    2. 幫助兒童學習如何去面對及處理因父母離異所產生的相關問題。

    3. 增進兒童發展積極的自我觀念及擴大其興趣範圍。

三、**團體性質**：結構性、同質性團體。

四、**團體對象**：父母離異的國小高年級（以上）學童。

五、**團體人數**：8 人。

六、**團體地點**：團諮室或具隱密性舒適的場地。

七、**團體時間和次數**：每次 90 分鐘，共 10 次。

八、**領導者及訓練背景**：團體領導者為國立彰化師範大學輔導與諮商學系碩士層級研究生。曾修習團體輔導、團體諮商等專業課程，並具有多次實際帶領兒童團體諮商及父母離異兒童團體諮商之實務經驗。

九、**招募方式**：經由學校和輔導室轉介，並徵詢兒童與其監護人同意。

十、**成員篩選標準**：先調查學生基本資料，是否為父母離異的兒童。

十一、**理論依據**：

一、父母離異對子女的影響

父母離異對兒童身心發展的影響範圍很廣，以下擬就兒童的認知發展、人格發展、情緒發展與行為表現等方面，來探討父母離異對子女所造成的影響（謝麗紅，1990）。

(一)認知態度方面

認知經驗包括兒童的學業成就、成就動機、信念等方面，父母離異容易使兒童及青少年產生消極的認知經驗，諸如學業成就低落、自責、覺得自己異於其他同儕、對人際相處的不和諧具有較多敏感性，甚至對人際關係及婚姻、家庭有較不合理的信念。

(二)人格發展方面

有關父母離異對子女人格發展方面的影響，大致針對其性別角色認同、自我觀

念、道德發展、內外控傾向等變項加以研究。父母親所塑造的家庭情緒氣氛、管教方式或親子關係對這些人格變項有深遠的影響，父母離異使得兒童失去認同或模仿對象，一般說來父母離異的子女其性別角色認同較差，道德發展較為低劣，傾向外控，並常貶抑其自我觀念。

㈢情緒發展方面

父母離異子女的情緒較不穩定，常產生下列情緒：焦慮、生氣、悲傷、罪惡感、恐懼、沮喪、憂鬱、孤獨，這些情緒易導致兒童失眠、做惡夢、食慾減退、胃痛、脈搏跳動頻率加快等症狀。家庭氣氛及成員的關係愈緊張、爭吵愈烈，則子女的情緒狀況愈受影響。

㈣行為表現方面

通常父母離異子女有較多的行為困擾、學校困擾、社會互動問題，表現較多的依賴、不服從、攻擊、抱怨、要求、抗拒及缺乏感情，甚至有犯罪行為的表現，有時候老師或父母都很難瞭解這些不良行為的內在原因。

㈤兒童對父母離異的信念

許多從事輔導父母離異兒童的專業人員（Blaine, 1969; Despert, 1962; Kelly & Wallerstein, 1976）研究發現，兒童對父母離異事件可能產生的態度及信念如下（引自 Kelly & Berg, 1978）：

1. 感到自責：兒童通常覺得自己應為父母之爭吵及分居負責任，他們經常相信要是他們表現良好，他們的父母就不會離婚，這種態度導致兒童強烈覺得有罪惡感。

2. 害怕被拋棄：兒童常會擔心自己會成為一個孤兒。他們曾經有兩個父母供應他們生理及情緒上的需求，而現在卻只剩下一個父母，使其害怕如果他所跟隨的父母拋棄他或死亡，那他該怎麼辦？

3. 希望父母復合：兒童通常相信或認為他們的父母會再復合，通常這是個不切實際的期望，而且此種期望會妨礙兒童適應單親的新生活，同時也可能妨礙兒童對繼父母的接納。

4. 譴責母親：兒童因為不瞭解父母離異是雙方的責任，而將責任歸因於母親，譴責母親。由於父親離開家，所以母親被視為「拋棄」父親的人，這種態度

會影響母親與兒童之間的關係。

5. 譴責父親：兒童也許會責怪父親，因為兒童認為父親是「離開」而不是被「拋棄」。認為父親遺棄了母親及他，這種態度會造成父子關係之困擾。

6. 視母親是「壞」的父母，而父親則是「好」的父母：在離婚後，母親通常成為主要的管制者，這使得兒童將母親視為「壞的」，而父親則與此種情況成對比。

7. 父母親常互貶：兒童常覺得父母彼此之間會輕視對方的價值，其目的在證實自己沒有錯，而希望與孩子聯盟，致使對兒童而言，取得監護權的父母是一種無罪之象徵。

8. 覺得被利用為訊息提供者：父母有時候會有意無意地利用小孩，作為對方活動的報告者，以便瞭解對方的狀況。這種情境下，兒童會覺得矛盾或被束縛，因為若同意一方的要求，好像是表示拒絕了另一方。

9. 覺得被譏笑：兒童經常視離婚為一種恥辱，並且會為他們帶來某種傷害，因此他們企圖隱藏事實，這會導致兒童抑制及限制與同儕的互動關係，因為他們害怕這個祕密會被發現。

10.覺得責任加重：兒童覺得他們必須取代缺席的父母，覺得需多協助家務及顧及父母的情緒需要，這可能極度剝奪了兒童自然情緒的發展。

　　Scherman 和 Lepak, Jr.（1986）認為兒童對父母離異過程的知覺與瞭解，是影響其適應父母離異事件的重要因素，在協助父母離異之兒童時，諮商員應將焦點放在兒童對父母離異事件之態度及信念上。輔導策略應直接處理有關對父母的譴責、期望父母再復合、防衛等，引導兒童討論這類問題，可以協助其因應父母離婚所帶來的危機，並使兒童適應父母離異後的生活。

二、兒童對父母離婚的反應

　　兒童對父母離婚的反應受到許多因素的影響，不同年齡、性別、因應方式對父母離婚會有不同的反應（Tedder, Libbee & Scherman, 1981），但一般而言，兒童對父母離異的反應，會因時間的經過呈現階段式的差異。依據 Hozman 和 Froiland（1977）將父母離異兒童與青少年的反應分為下列五個階段：

(一)否認階段

聽到父母離異的消息，兒童會否認並拒絕接受這個事實，並且把否認轉化為孤立，試圖把自己和同儕、老師、環境孤立起來，不與真實世界接觸。

(二)憤怒階段

當父母離異已經成為不可挽回的事實時，開始有憤怒的情緒反應，試圖攻擊與父母離異有關的人，直接攻擊或轉向攻擊，這種攻擊傾向與兒童對父母離婚的罪惡感有關，他們會表現憤怒的情緒及行為引人注目。

(三)協議階段

當否認與憤怒無法產生效果時，兒童試圖以討價還價的方式來改變父母離異的事實，由於兒童處心積慮地想以自己良好的表現來挽回父母，因而在學校裡常無法專心投入學習活動。

(四)沮喪階段

當兒童發現他們無法控制及挽回父母時，開始有沮喪的反應。對過去的不當行為感到遺憾，並且為喪失的機會感到罪惡。在行為上表現退縮，對家中發生的事無動於衷，或感到悲傷而無心向學，而導致學業退步。

(五)接受階段

當兒童瞭解到父母離異是真實存在的客觀事實，他就漸漸能加以接受，開始面對事實，以便適應新的生活，本階段是兒童適應生活的一個契機。

三、多重模式諮商

本團體諮商方案是依據多重模式諮商理論（Lazarus, 1978, 1981; Keat, 1978; Green, 1978; Crosbie-Burnett & Newcomer, 1989）為架構所設計的結構性團體諮商。多重模式諮商是由心理學家 Arnold A. Lazarus 所倡導。Lazarus 認為人類是動（moving）、感（feeling）、覺（sensing）、想像（imagining）、思考（thinking）、溝通（relate to one another）的動物，亦即具有「生化、生理神經的本質，而人類生活中的行為則是進行中的行為、情意歷程、感覺、意象、認知、人際關係及生物機

能的產物（Lazarus, 1981）。Lazarus即將人格視為這七種模式的綜合表現，而這些模式是彼此互相影響且各自獨立的。茲將七種模式分述於後：

1. 行為（Behavior）：主要指外顯的反應，諸如舉止、習慣、姿勢、反應與互動等可觀察及測量的行為。

2. 情意（Affect）：代表情緒、心情及強烈感受等。

3. 感覺（Sensation）：觸、嗅、視、聽、嚐是人類基本的感覺，此外尚包括暈眩、頭痛感。

4. 意像（Imagery）：即自我意像，擁有一個真實且正向的自我意像，是心理健康的關鍵。

5. 認知（Cognition）：包括一個人的價值、信念、態度、決策、歷程、問題解決技巧及推理能力。

6. 人際關係（Interpersonal relation）：是指個人與其重要他人的互動關係，人際間彼此的期待。

7. 生物機能（Biological matrix）／藥物（Drung-Diet）：是指一般的生理狀況，包括藥物、飲食、運動、睡眠習慣、衛生狀況等（Lazarus, 1978）。

以上七項模式的縮寫，即為 BASIC-IB 或 BASIC-ID，它包含了人格的全部。Lazarus（1976）表示多重模式諮商的架構可以削減當事人不適應的行為，同時也可以教導學習新的行為。所以，多重模式可視為一種成長、教育的模式，而非病理的推論、診斷及醫藥模式（Keat, 1979）。假定諮商或治療要配合每人或每種情境的個別需要，基本原則是我們要確定對問題的評估，而對問題產生完整的輪廓（Lazarus, 1978），主要目的在迅速地減少生理痛苦，盡可能促進個人成長，並且避免精神病的標籤，而強調治療的多元性需要。Lazarus曾說，多重模式是一整體性的評估，它在個人的人格模式相互關係中，尋得當事人的問題型態，經由 BASIC-ID 的模式，可將當事人所面臨的許多問題有系統地加以連結起來，擬定問題的適當解決方案。多重模式諮商根據當事人的特質、問題與環境之需，擷取各家技術之長，選取適當的方法來協助當事人，以期達到最大的治療效果，因此是一種技術的綜合。

Keat（1990）認為從事兒童輔導與成人輔導之間有些差異，他指出從事兒童輔導的特色如下：

1. 運用遊戲作為媒介物與兒童建立關係，諮商師應對兒童世界中的遊戲及他們愛玩的玩具相當熟悉而加以善用。

2. 對兒童溝通不易，因為他們不善表達自己，可使用繪畫、玩布偶及玩遊戲的

方式與兒童達成溝通。

3. 諮商師可以運用繪本、讀書治療選擇適當、有意義的故事來作為諮商的輔佐工具。

4. 與兒童中的重要他人合作。兒童的重要他人往往對其影響深遠，若將重要他人納入並與他合作，對兒童的協助會更加有效。

參考文獻

謝麗紅（1990）。多重模式團體諮商對父母離異兒童家庭關係信念、自我觀念及行為困擾輔導效果之研究。國立彰化師範大學輔導研究所碩士論文，未出版，彰化。

Crosbie-Burnett, M., & Newcomer, L. L. (1989). A multimodal intervention for group counseling with children of divorce. *Elementary School Guidance and Counseling, 23,* 155-166.

Green, B. J. (1978). Helping children of divorce: A multimodal approach. *Elementary School Guidance and Counseling, 13*(1), 31-45.

Hozman, T. L., & Froiland D. J. (1977). Children: Forgotten in divorce. *Personnel and Guidance Journal, 55*(9), 530-533.

Keat, II. D. B. (1978). Multimodal evolution. *Elementary School Guidance and Counseling, 13*(1), 12-15.

Keat, II. D. B. (1990). *Child multimodal therapy*. Ablex Publishing Corporation.

Kelly, R., & Berg, B. (1978). Measuring children reactions to divorce. *Journal of Clinical Psychology, 34*(1), 215-221.

Lazarus, A. A. (1978). What is multimodal therapy? A brief overview. *Elementary School Guidance and Counseling, 13*(1), 6-11.

Lazarus, A. A. (1981). *The practice of multimodal therapy*. New York: McGraw-Hill Book Company.

Scherman, A., & Lepak, Jr., L. (1986). Children's perceptions of the divorce process. *Elementary School Guidance & Counseling, 21*(1), 29-35.

Tedder, S. L., Libbee, K. M., & Scherman, A. (1981). A community support group for single custodial father. *The Personnel and Guidance Journal, 10*, 115-119.

團體單元設計大綱

單元	暖身活動	主要活動	結束	團體目標
一	名字遊戲	我們的團體	團體目標及規範的再補充	1. 使成員彼此更熟悉。 2. 訂立團體規範及目標。
二	回到過去	沅沅的家	心得討論	1. 討論有關父母離異的感覺。 2. 開始研究父母離異可能產生的問題。
三	畫我家庭	感覺溫度計	認知自己的情緒	1. 協助成員處理人際關係，尤其是與家人的人際關係。 2. 幫助成員澄清、認知和瞭解關於父母離婚的感覺和情緒。
四	完成感覺溫度計	其實可以這樣做	練習及分享所學	協助成員學習如何面對及因應離婚所造成的特殊情緒和問題。
五	家庭作業分享與檢討	這就是我	心得分享、因應作法與記錄	1. 繼續探討如何處理父母離異所引起的感覺。 2. 開始思考有關行動及行為的選擇與決定。
六	自我畫像	我真的很不錯	增列自我優點及分享	1. 協助成員發展合理、正確的思考（有關自己及父母離婚這件事的合理和正確思考）。 2. 繼續探討可能選擇的行為和行動。
七	學校生活的回顧	屬於我的同心圓	角色扮演	1. 協助成員面對在學校中所遭遇到的問題及感覺，並討論可能的處理方式。 2. 鼓勵成員運用同儕的支持，並增進自己的人際關係。
八	執行所學的心得分享	澄清及改變態度	鼓勵成員分享自己的看法	幫助成員澄清目標關於父母離婚事件的態度，並減少不合理思考。
九	我的家庭盾牌	未來家庭的改變及因應之道	鼓勵成員分享彼此經驗	增進成員以積極的方式與家人互動。
十	自我星圖	我們的故事	互道珍重和祝福	協助成員回顧在團體中所學，鼓勵成員將所學落實到實際生活中。

各單元設計表一

單元名稱	第一類接觸	次數	第 1 次	人數	8 人
		時間	90 分	地點	團諮室
單元目標	1. 使成員彼此更熟悉。 2. 訂立團體規範及目標。				
準備器材	訪問卡片				

活動名稱	活動流程	時間	器材	備註
1. 名字遊戲	1. 每一個成員有一張卡片，填寫以下的內容。（附件 1.1） 2. 成員先配對，以此卡片自我介紹，再回到團體彼此介紹。	30'	訪問卡片	
2. 屬於我們的團體	1. 讓成員說說對團體的瞭解，以及為什麼要參加團體。分享參加團體的感受及引發的情緒狀況。 2. 領導者解釋團體之性質及目的。 3. 領導者協助成員訂立團體規範。	40'		
3. 總結	1. 為這次團體作總結，並預告下次團體。 2. 領導者可以告訴成員：「大家可以回去思考我們剛剛訂定的團體規範和目標，假如需要補充，下一次團體可以提出來。」	20'		

附件 1.1：訪問卡片

最喜歡的電視節目	最喜歡做的事情

名字

寫一個字形容自己

三項最愛吃的東西	最喜歡的顏色

各單元設計表二

單元名稱	其實我並不孤單			次數	第2次	人數	8人
				時間	90分	地點	團諮室
單元目標	1. 討論有關父母離異的感覺。 2. 開始研究父母離異可能產生的問題。						
準備器材	沅沅的家錄影帶						

活動名稱	活動流程	時間	器材	備註
1. 回到過去	領導者重新檢視團體目標及規範，並加入成員一週內認為要再新加入的目標及規範。	10'	影片	
2. 沅沅的家	1. 觀賞沅沅的家（附註）。 2. 觀賞完影片之後，領導者引導成員討論相關問題。 　(1)影片中的沅沅與你的情況有何異同？ 　(2)你是怎麼知道父母要離婚的事？ 　(3)你如何看待父母離婚這件事？你的感受為何？ 　(4)父母離婚對你產生什麼影響？ 　(5)看完影片你的感想為何？	40' 30'		
3. 結束	領導者總結今天討論的議題而結束。	10'		

附註：

沅沅的家，取材於公共電視上的影片內容。選擇本影片的依據：原節目專為父母和兒童所錄製，內容適合兒童的理解程度及觀看，且是兒童喜歡觀看的節目之一，對親子關係具有教育意義，內容很適合本次團體活動所探討主題的需要因而採用。

各單元設計表三

單元名稱	這是我的感覺	次數	第 3 次	人數	8 人
		時間	90 分	地點	團諮室
單元目標					
準備器材	輕音樂、圖畫紙、彩色筆				

單元目標
1. 協助成員處理人際關係，尤其是與家人的人際關係。
2. 幫助成員澄清、認知和瞭解關於父母離婚的感覺和情緒。

活動名稱	活動流程	時間	器材	備註
1. 畫我家庭	1. 以幻遊的方式，引導成員去想像其家居、生活以及和家人相處的情形。（或先以一個圖片來說明如何畫家人在家中生活的情形） 2. 請成員畫出自己家人在家的生活情形。 3. 完成圖畫之後，領導者邀請成員來分享。	30'	輕音樂、圖畫紙、彩色筆	
2. 感覺溫度計	1. 領導者向成員解釋一般人對離婚有不同的感覺和反應：悲傷、生氣、驚嚇、不愉快等，鼓勵成員確認其他感覺。 2. 領導者簡單引導成員回顧上週影片內容，讓成員討論離婚的意義。 3. 同時，讓成員回想父母離異時，自己當初是怎麼樣的感覺，並完成五個感覺溫度計，寫下來並標出強度。	45'		
3. 總結和指定家庭作業	1. 領導者要求成員寫下未來一週內對父母離異事件的感覺，並註明這些感覺源自於哪些事件。 2. 領導者說明下一次將邀請成員來分享。	15'		

各單元設計表四

單元名稱	我可以做得到	次數	第 4 次	人數	8 人
		時間	90 分	地點	團諮室
單元目標	協助成員學習如何面對及因應離婚所造成的特殊情緒和問題。				
準備器材					

活動名稱	活動流程	時間	器材	備註
1. 完成感覺溫度計	1. 完成上週未完成的感覺溫度計，並且要成員討論何種感覺是大家所共有的。 2. 同時也討論在這週內，他們經驗到的感覺及其產生原因。	20'		
2. 其實可以這樣做	1. 使用由上述活動所產生的問題和情緒，領導者使成員完成下列的句子：「當我覺得生氣、挫折、不愉快（或其他情緒，可以加以列出），我可以……」。 2. 領導者幫助成員列出一些意見，可以協助他感覺較舒服，又不會產生其他問題或傷害任何人事物。建設性的建議包含：聽音樂、看電視、看書、慢跑、唱歌、打電話給朋友、跟朋友玩……等活動。 3. 成員就腦力激盪所得之解決問題的方法來角色扮演。 4. 領導者討論成員調整自己的情緒、適當的睡覺、運動、營養飲食的重要性，領導者也提醒成員在離異之後，他可能需分擔的新責任。	50'		
3. 結束	領導者引導成員在這週內去練習討論或角色扮演因應行為，同時也建議成員在這週內練習告訴自己或他人自己的感覺，最好是每天一次。	20'		

各單元設計表五

單元名稱	原來這是我	次數	第 5 次	人數	8 人
		時間	90 分	地點	團諮室
單元目標	1. 繼續探討如何處理父母離異所引起的感覺。 2. 開始思考有關行動及行為的選擇與決定。				
準備器材	布偶				

活動名稱	活動流程	時間	器材	備註
1. 家庭作業分享與檢討	領導者帶領成員討論家庭作業，「誰練習了上週我們討論到的因應行為？當你告訴別人你的感覺時，有何影響？你這樣做時，帶給你怎麼樣的感受？」	15'		
2. 這就是我	1. 成員玩布偶劇，這種遊戲設計鼓勵討論、預演、角色扮演（從多方面去扮演有關父母離異兒童的生活）。當玩遊戲時，有助於繼續發展有關離婚問題及解決方式。 2. 領導者提供一個機會使成員腦力激盪，討論及角色扮演，感受和因應的行為，遊戲的動力、設計是要協助、促動成員面對一些他們以前加以壓抑的問題，這遊戲助長注意情緒、學習瞭解父母離異、積極正向意像，須瞭解的行動、行為、結果的輔導。	50'	布偶	
3. 總結	引導成員討論布偶劇內發生的問題，以及是否有更適當的處理方式，澄清不合理信念的作法及可能帶來的影響。	25'		

各單元設計表六

單元名稱	我是誰	次數	第 6 次	人數	8 人
		時間	90 分	地點	團諮室

單元目標	1. 協助成員發展合理、正確的思考（有關自己及父母離婚這件事的合理和正確思考）。 2. 繼續探討可能選擇的行為和行動。

準備器材	鏡子、圖畫紙、彩色筆

活動名稱	活動流程	時間	器材	備註
1. 自我畫像	讓成員照鏡子，畫出自我的畫像。	20'	鏡子、圖畫紙、彩色筆	
2. 我真的很不錯	1. 成員在畫像背後寫上有關自己正向、合理的描述，每一成員跟團體分享其畫像，並對團體說出二至三項對自己的描述。團體的成員可以對他加入其他描述。 2. 領導者解釋對一個人的正向意像及思考，可以增進好的感受，並讓他人知道。	60'		
3. 結束	成員繼續增列正向自我描述在圖畫之後，每個成員在未來一週中，每天要告訴一些人他喜歡的事或他喜歡自己哪些方面。	10'		

各單元設計表七

單元名稱	我的學校生活	次數	第 7 次	人數	8 人
		時間	90 分	地點	團諮室

單元目標	1. 協助成員面對在學校中所遭遇到的問題及感覺，並討論可能的處理方式。 2. 鼓勵成員運用同儕的支持，並增進自己的人際關係。

準備器材	輕音樂、同心圓卡片

活動名稱	活動流程	時間	器材	備註
1. 學校生活的回顧	1. 以幻遊的方式，引導成員回憶一整天的學校生活，所發生的事情，與同學相處及遊戲的情形。 2. 請成員記錄下印象最深刻的事情，或最令人愉快或生氣的事情，並提出來分享。	30'	輕音樂	
2. 屬於我的同心圓	1. 要成員在同心圓上（附件 7.1）寫下自己遇到困難，或是有事情和情緒產生時，最想告訴哪一個同學？第二個想告訴誰？若前兩者不在時，會考慮告訴誰？誰是你最不想讓他知道你的事的？為什麼？ 2. 讓成員討論在學校中，他們感到最困擾的問題，以及與同學相處時可能的困擾，以腦力激盪的方式討論出可能的因應之道。 3. 角色扮演腦力激盪所產生的方法。	50'	同心圓卡片	
3. 結束	領導者鼓勵成員實際應用角色扮演過程中，所學得的行為方式。	10'		

附件 7.1：同心圓卡片

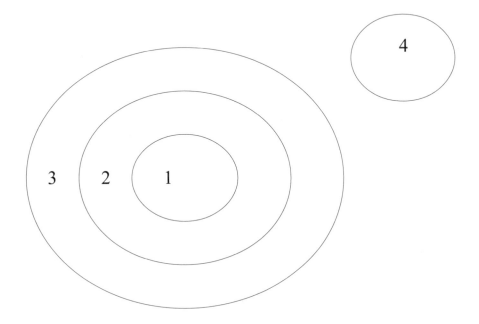

1. 最想讓他知道的人
2. 第二願意讓他知道的人
3. 前兩者都不在時，會想讓他知道
4. 不想讓他知道的

各單元設計表八

單元名稱	原來事情是這樣的……	次數	第 8 次	人數	8 人
		時間	90 分	地點	團諮室
單元目標	幫助成員澄清目標關於父母離婚事件的態度並減少不合理思考。				
準備器材	活動單				

活動名稱	活動流程	時間	器材	備註
1. 執行所學的心得分享	成員討論在自我畫像背後新加入的正向自我描述，並且分享告訴他人，自己喜歡自己的哪些特質時，別人的反應如何。	20'		
2. 澄清及改變態度	1. 領導者發下活動單（附件 8.1），測驗成員對父母離異的信念及態度。 2. 成員寫好之後，領導者改正任何不適當的信念或態度，團體討論他們不同意的句子或感興趣的句子。	60'	活動單	
3. 結束	領導者要求成員至少與其父母討論一次「活動單」的內容，或是和朋友討論。	10'		

附件 8.1：

1._____一個人一結婚就不應該離婚。

2._____如果父母離婚，一定是孩子的錯。

3._____父母離婚的兒童與其他的兒童一樣快樂。

4._____如果孩子跟已離婚的父母保證他會變乖，他們將會再復合。

5._____父母離婚比不離婚每天在家中吵架好。

6._____一個父母雖沒有跟小孩住在一起，但依然很愛小孩。

7._____所有父母離異的小孩，在學校會有更多的麻煩。

8._____如果你的父母離婚，最好不要讓別人知道。

9._____繼父母對小孩來說是令人煩的。

10._____孩子一半時間與父親生活、一半時間與母親生活比較好。

11._____當父母離婚時，是全家最痛苦的一段時間。

044

各單元設計表九

單元名稱	我和我的家人	次數	第 9 次	人數	8 人
		時間	90 分	地點	團諮室
單元目標	增進成員對他們家人思考、行動及感覺的積極方式。				
準備器材	圖畫紙				

活動名稱	活動流程	時間	器材	備註
1. 我的家庭盾牌	1. 請每一成員畫一個家庭盾牌，上面要有下列幾個陳述： (1)你家中曾有的美好時光。 (2)你與家人最不快樂的一段時間。 (3)一個因應家庭不愉快經驗的方法。 (4)你認為導致父母離婚或分居的原因。 (5)你期望未來一年中，家裡會發生的事情。	30'	圖畫紙	
2. 未來家庭的改變及因應之道	領導者邀請自願者分享他們的家庭盾牌，並討論之，鼓勵成員彼此回饋。	40'		
3. 總結	領導者引導成員正視家庭結構在未來可能產生的改變，討論可能的因應之道，如父母可能再婚，如何接納父母再婚的事實及家中的新進份子，引導有經驗的成員分享其經驗及適應之道。	20'		

各單元設計表十

單元名稱	珍重與祝福	次數	第 10 次	人數	8 人
		時間	90 分	地點	團諮室
單元目標	協助成員回顧在團體中所學及鼓勵成員將所學落實到實際生活中。				
準備器材	元角星圖、活動單				

活動名稱	活動流程	時間	器材	備註
1. 自我星圖	1. 每個成員有一個元角星圖（附件10.1），可以用圖畫、字或符號來填滿空白之處。 ⑴成員的意像——我是個怎麼樣的人（正向的）。 ⑵學習或學校——我最滿意的一個科目或學習活動。 ⑶朋友——我最好的朋友。 ⑷家庭——怎樣做會使我與家人生活的更好。 ⑸成員大部分的感受——我覺得……。 ⑹成員保持在心中的正向思想——我想我可以使我的生活……。 ⑺成員喜歡做的一個行為——我喜歡做的活動。 2. 成員分享他的星圖，鼓勵成員以獨特的方式來呈現他的星圖。	20'	元角星圖	
2. 我們的故事	1. 領導者協助成員簡單回顧9次團體的活動之後，引導成員思考下列活動單上的問題（附件10.2），並對團體作回饋。 2. 成員可以分享成長及改變的經驗。	40'	活動單	
3. 珍重和祝福	成員和領導者互道珍重再見與祝福，鼓勵成員在團體所獲得的友誼及實行在團體中所學之行為。	30'		

附件 10.1：元角星圖

附件 10.2：

1. 在團體過程中，我學到

_____

2. 我覺得我是個怎麼樣的人？我的優點、特色是

_____

3. 父母離婚使生活不同的是

_____

4. 我希望我能夠

_____

5. 我想

_____

6. 一件美好的事情將發生，它可能是

_____

7. 離婚是

_____

8. 經歷團體之後，我的改變是？原因是？

_____

第四章
單親團體諮商方案設計實例

單身快樂──單親成長團體

◎謝麗紅／設計

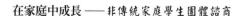

一、**團體名稱**：單身快樂 —— 單親成長團體。

二、**團體總目標**：

    1. 協助成員有能力去處理離婚所產生的問題。

    2. 幫助成員懂得如何和子女溝通及相處。

    3. 讓成員對離異後的單身生活產生希望及踏實感。

三、**團體性質**：結構性、同質性團體。

四、**團體對象**：離異者。

五、**團體人數**：6～8 人。

六、**團體地點**：團諮室。

七、**團體時間和次數**：90 分鐘，共 10 次。

八、**領導者及訓練背景**：團體領導者為國立彰化師範大學輔導與諮商學系博士層級研究生。曾修習團體輔導、團體諮商、家庭與婚姻諮商等專業課程，並具有多次實際帶領成人團體諮商及父母離異兒童團體諮商之實務經驗。

九、**招募方式**：由彰化張老師登報宣傳招募。

十、**成員篩選標準**：藉由晤談，領導者選擇參與動機和團體性質符合的人參加。

十一、**理論依據**：

一、離異事件對離異者的影響

「離婚」是除了夫妻一方死亡以外，對個人最具壓力的事件之一（Zimpfer, 1990），離婚代表的是婚姻關係的結束，導致家庭改組的危機，對當事人或其子女、家人可能是一種痛苦的經驗。離婚者常感到孤單、無助，希望的幻滅、自尊心的打擊，對命運的無奈和悲憤，對前途的恐懼和徬徨，這些狀況造成離異者適應上的許多困擾。離異事件除了對離異者本身造成莫大的影響外，也間接對子女產生不良的影響。因為孩子的問題常和父母密不可分，父母的態度和行為對孩子的發展具有決定性的角色，所以父母離異後的身心狀況是影響子女適應離婚後生活的主要因素。

國內對單親家庭或單親婦女的相關研究發現，單親家庭確實有不同於一般雙親家庭的問題，這些單親家庭的家長一方面要負起家庭經濟，一方面要照顧、管教子女和理家，缺少配偶的協助，的確是壓力很大，有角色負荷過度的現象產生，這些生活壓力包含：經濟壓力、子女教養壓力、情緒調適壓力及社會壓力等（洪秋月，1987；鄭麗珍，1988；陳斐娟，1989）。

林蕙瑛（1985）調查台灣離婚後婦女的現況特質及其生活適應狀況，發現離婚婦女的自我概念顯著低於已婚婦女。其結果與 Smoke（1980，何露蕙譯，1989）的觀點相似，Smoke 認為離婚對離異者最大的影響是貶抑自我概念，降低其自尊。綜合各研究方面的結果，可以瞭解離婚對當事人生理上、心理上所造成的影響如下：

㈠情緒方面

單親由於傳統社會觀念的影響，以及缺乏來自配偶的情感歸屬與情緒依靠，在內心上經常有負向的情緒產生，如空虛、寂寞、焦慮、恐懼、憤怒、挫折、內疚、自卑、憂鬱等情緒。

㈡生理方面

由於面對離婚事件，產生高度壓力，因而產生許多生理上的不適應及症狀，如呼吸困難、頭痛、胃痛、睡不好、發抖、食慾不振等現象。

㈢認知方面

離異者遭受婚姻失敗的經驗，很容易導致認知上的挫敗，使得原來的認知架構有所改變，如自我觀念、價值觀、態度、信念等改變。

㈣行為及生活適應方面

由婚姻生活轉變為單身、單親生活，使離異者面臨人際關係及生活型態的適應問題，如經濟問題、社會關係問題、與前任配偶關係問題、子女教養問題、和異性交往、擇偶問題及再婚後的適應問題等。

二、離婚的適應階段

Schiamberg（1985，引自 Zimpfer, 1990）用臨終階段（Stages of dying）來說明夫妻關係的削弱過程，將之分為否認、憤怒、協議（討價還價）、沮喪、接受等階段，茲分述如下：

㈠否認

離婚初期，當事人（尤其是較不願分手的一方）常常呈現震驚、否認的心理狀

態。離異者拒絕承認已發生的事實，用「否認」的心理防衛機轉來保護自己，不讓自己意識到這件痛苦的事實，以避免自己心理過度的悲痛。

(二)憤怒

當一個人離婚時，容易覺得被對方拋棄，受到傷害，自尊心被摧殘，生命的美好憧憬破滅，這些情緒很容易轉變成憤怒的情緒。有些人把憤怒朝向別人身上；有些人則將憤怒發洩在自己身上，責怪自己；有些人則壓抑自己的憤怒情緒。

(三)協議、討價還價

離異者試圖以各種方法來交涉、協議或交換條件來挽回已經破滅的婚姻關係，希望透過第三者的努力及協商，使自己與配偶的關係能破鏡重圓。

(四)沮喪

離異者在婚姻關係中屢遭挫敗的經驗，再加上協議階段中，當事人嘗試了一切可能的方法，盡了一切努力，卻無法改變任何事情，婚姻還是失敗了，這種挫敗、無助感使人喪失自信心，對前途悲觀絕望，而使離異者陷入極度的失落及沮喪情緒當中。

(五)接受

在痛定思痛之後，離異者的混亂情緒開始冷卻下來，心理上已能接受離婚的事實，開始瞭解離婚的前因後果，看清自己當前的處境，規劃自己的未來，重新尋求認同，建立自尊與自信，並發展新的人際關係。

Stepheson 和 Boler（1981，引自 Zimpfer, 1990）將離異過程分為：

(一)最近才離婚者（劇痛期）

此時離婚者處於危機當中，各種強烈情緒困擾著當事人，離婚者的主要任務是「生存」，先讓自己從危機中穩定下來。專業助人者可以運用短期性和危機性的處理方法來協助當事人度過危機。

(二)已適應離婚，而正關心如何適應生活（復健期）

度過劇痛期之後，當事人從離婚的痛苦中恢復過來，開始進入復健期，復健期的主要任務是「重建」，為自己找尋新的生命意義，重建自己的幸福。專業助人工作者可以運用長期性及成長性的處理方式來協助當事人重建生活。

三、多重模式諮商基本理念

本團體諮商方案係參考多重模式諮商有關文獻 Lazarus（1978, 1981）、Keat（1978）、Green（1978, 1981）為架構所設計的結構性團體諮商。多重模式諮商是由心理學家 Arnold A. Lazarus 所倡導。Lazarus 認為人類是動、感覺、想像、思考、溝通的動物，亦即具有「生化、生理神經的本質，而人類生活中的行為則是進行中的行為、情意歷程、感覺、意像、認知、人際關係及生物機能的產物（Lazarus, 1981）。Lazarus 即將人格視為這七種模式的綜合表現，而這些模式是彼此互相影響且各自獨立的。茲將七種模式分述於後：

1. 行為（B）：主要指外顯的反應，諸如舉止、習慣、姿勢、反應與互動等可觀察及測量的行為。
2. 情意（A）：代表情緒、心情及強烈感受等。
3. 感覺（S）：觸、嗅、視、聽、嚐是人類基本的感覺，此外尚包括暈眩、頭痛感。
4. 意像（I）：即自我意像，擁有一個真實且正向的自我意像，是心理健康的關鍵。
5. 認知（C）：包括一個人的價值、信念、態度、決策、歷程、問題解決技巧及推理能力。
6. 人際關係（I）：是指個人與其重要他人的互動關係，人際間彼此的期待。
7. 生物機能（B）／藥物（D）：是指一般的生理狀況，包括藥物、飲食、運動、睡眠習慣、衛生狀況等（Lazarus, 1978）。

以上七項模式的縮寫，即為 BASIC-IB 或 BASIC-ID，它包含了人格的全部。Lazarus（1976）表示多重模式諮商的架構可以削減當事人不適應的行為，同時也可以教導學習新的行為。所以，多重模式可視為一種成長、教育的模式，而非病理的推論、診斷及醫藥模式（Keat, 1979）。假定諮商或治療要配合每人或每種情境的個

別需要，基本原則是我們要確定對問題的評估，而對問題產生完整的輪廓（Lazarus, 1978），主要目的在迅速地減少生理痛苦，盡可能促進個人成長，並且避免精神病的標籤，而強調治療的多元性需要。Lazarus 曾說，多重模式是一整體性的評估，它在個人的人格模式相互關係中，尋得當事人的問題型態，經由 BASIC-ID 的模式，可將當事人所面臨的許多問題有系統地加以連結起來，擬定問題的適當解決方案。多重模式諮商根據當事人的特質、問題與環境之需，擷取各家技術之長，選取適當的方法來協助當事人，以期達到最大的治療效果，因此是一種技術的綜合。

參考文獻

何露蕙（譯）（1989）。**如何重建離婚後的生活**。台北：大光書坊。

林蕙瑛（1985）。台灣地區離婚婦女的離婚後調適與諮商效果研究。**中華心理衛生學刊**，2（2），63-77。

洪秋月（1987）。**單親婦女的支持系統與生活適應之研究**。東海大學社會工作研究所碩士論文，未出版，台中。

陳斐娟（1989）。**單親婦女的壓力、社會支持、親子關係之相關研究**。國立台灣教育學院輔導研究所碩士論文，未出版，彰化。

鄭麗珍（1988）。**低收入單親女性家長的角色負荷和社會支持網路之相關研究**。東吳大學社會學研究所社工組碩士論文，未出版，台北。

謝麗紅（1992）。團體諮商對離異者自我觀念、親子關係、社會適應輔導效果之研究。**國立彰化師範大學輔導學報**，15，233-286。

Green, B. J. (1978). Helping children of divorce: A multimodal approach. *Elementary School Guidance and Counseling, 13*(1), 31-45.

Green, B. J. (1981). Helping single-parent families. *Elementary School Guidance and Counseling, 15*(3), 248-261.

Keat, II. D. B. (1978). Multimodal evolution. *Elementary School Guidance and Counseling, 13*(1), 12-15.

Lazarus, A. A. (1978). What is multimodal therapy? A brief overview. *Elementary School Guidance and Counseling, 13*(1), 6-11.

Lazarus, A. A. (1981). *The practice of multimodal therapy*. New York: McGraw-Hill Book Company.

Zimpfer, D. G. (1990). Groups for divorce/separation: A review. *The Journal for Specialists in Group Work, 15*(1), 51-60.

團體單元設計大綱

單元	暖身活動	主要活動	結束	團體目標
一	名字遊戲	團體形成	團體目標及規範的再補充 指定家庭作業	1. 成員相互認識。 2. 介紹團體性質、目的、瞭解成員對團體的期望。 3. 訂定團體規範。
二	話我家庭	離婚與我	認識情緒 設定支持系統並與之連絡 指定家庭作業	1. 比較離異前後成員生活狀況。 2. 瞭解、分析離異對自己的影響，情緒宣洩。 3. 檢視自己對離異事件的看法。 4. 設定支持系統。
三	我的最愛	我該怎麼說	與孩子親密共處	1. 瞭解小孩的感覺及情緒，協助其面對離異的事實。 2. 提升與小孩共處的品質。
四	互動溝通模式分析	討論、練習溝通技巧	演練所學 指定家庭作業	1. 分析自己與小孩溝通互動的方式。 2. 學習溝通、互動技巧。
五	分享實作經驗	傾訴、自我開放練習	演練所學 指定家庭作業	1. 親子溝通、互動技巧的演練。 2. 解決親子互動產生之困擾。
六	問題討論	問題解決技巧	心得分享 指定家庭作業	1. 協助成員問題解決。 2. 瞭解家人的情緒和反應。
七	家庭作業檢討	信念與我	正向自我對話 指定家庭作業	1. 調適自己成為單身及單親的看法。 2. 發展合理、正向的信念。
八	我如何告訴自己	認知重建	練習正向自我對話	1. 改善消極自我觀念。 2. 練習正向自我內容。
九	家人、朋友與我	個別問題討論	分享心得感想 指定家庭作業	1. 改善人際關係 —— 與前任配偶、小孩、姻親及朋友間的人際。 2. 成員個別問題之探討與解決。
十	回顧團體	朝向未來	落實所學 社區資源簡介 結束團體	1. 發展新的因應生活技巧。 2. 擴展成員活動及興趣範圍。 3. 規劃未來。

各單元設計表一

單元名稱	簡介團體	次數	第 1 次	人數	6~8 人
		時間	90 分	地點	團諮室

單元目標	1. 成員相互認識。 2. 介紹團體性質、目的、瞭解成員對團體的期望。 3. 訂定團體規範。
準備器材	活動單

活動名稱	活動流程	時間	器材	備註
1. 名字遊戲	1. 領導者向團體成員自我介紹。 2. 名字遊戲活動（附件 1.1）。 　左上角：寫最喜歡的顏色。 　右上角：寫上空閒時最喜歡從事的活動。 　左下角：寫下最喜歡吃的食物。 　右下角：如果每一個人都可以去一個地方，你想去哪裡。 　中間：寫名字及用一個字來形容自己（一句話或形容詞）。 3. 針對名字遊戲中的資料兩兩分享。 4. 以相互介紹對方的方式，讓成員團體彼此相認。	30'	活動單	
2. 團體形成	1. 請每一位成員談談自己的家庭狀況，目前生活情形（包括生活狀況、職業、孩子、家人、朋友等）。 2. 團體進行方式的基本說明：透過團體成員間的投入，活動的討論、閱讀相關資料，成員彼此支持，練習新技巧，指定家庭作業，並要求成員如果不能來團體，一定要打電話通知領導者。 3. 訂定團體目標：成員談自己對團體的期待，想在往後 9 次團體過程中獲得什麼。	40'		

（續）

活動名稱	活動流程	時間	器材	備註
	4. 討論成員來團體時，如何安排小孩及安頓家庭。 5. 訂定團體規範。			
3. 結束	指定家庭作業，省思並加以記錄自己的家庭生活與過去有何不同，其中差異何在？	20'		

附件 1.1:名字遊戲

3	**4**
1	
2	
5	**6**

各單元設計表二

單元名稱	協助自我	次數	第 2 次	人數	6~8 人
		時間	90 分	地點	團諮室
單元目標	1. 比較離異前後成員生活狀況。 2. 瞭解、分析離異對自己的影響，情緒宣洩。 3. 檢視自己對離異事件的看法。 4. 設定支持系統。				
準備器材					

活動名稱	活動流程	時間	器材	備註
1. 話我家庭	1. 省思自己的家庭生活在離婚前、後及現在有何不同，其差異何在？ 2. 兩兩分享，找出相同及不同的感受、想法。 3. 回到大團體分享。	20'		
2. 離婚與我	領導者引導成員在保密的原則下，針對下列問題進行討論。 1. 分居或離婚時間。 2. 由誰引起，離婚如何引起的？ 3. 曾出現哪些主要問題？ 4. 你曾如何處理？結果是否滿意？ 5. 哪些事情影響你，你的感覺及行為？ 6. 離異事件曾帶來哪些影響？	45'		
3. 結束	指定家庭作業 1. 設定支持系統，在自己需要時能提供自己情緒支持。 2. 檢視現在自己對離異事件的看法及感覺。 3. 在孤單、挫折時可以尋求其協助的對象（如朋友、親人、機構）。	25'		

各單元設計表三

單元名稱	瞭解小孩的感覺	次數	第 3 次	人數	6~8 人
		時間	90 分	地點	團諮室
單元目標	1. 瞭解小孩的感覺及情緒，協助其面對離異的事實。 2. 提升與小孩共處的品質。				
準備器材					

活動名稱	活動流程	時間	器材	備註
1. 我的最愛	利用 10 分鐘的時間討論自己與小孩最喜歡做的事（令自己覺得愉快的事情）。	10'		
2. 我該怎麼說	討論如何告訴孩子離異的事實。 1. 在離異事件發生時，小孩的反應如何？ 2. 他們對父母離異有什麼想法、看法？ 3. 現在他們的狀況如何？ 4. 小孩與前任配偶的關係如何？ 5. 小孩對前任配偶的看法怎樣？ 6. 你如何跟孩子解釋離異的事情？ 7. 你最關心或擔心孩子哪一部分？	60'		
3. 結束	指定家庭作業 1. 如何提升與小孩共處時間的品質？ 2. 與孩子有共同相處或遊戲的時間（輕鬆共處時間）。 3. 記錄一週來，與孩子較常說的對話。	20'		

各單元設計表四

單元名稱	開放式的溝通	次數	第 4 次	人數	6~8 人
		時間	90 分	地點	團諮室
單元目標	1. 分析自己與小孩溝通互動的方式。 2. 學習溝通、互動技巧。				
準備器材					

活動名稱	活動流程	時間	器材	備註
1. 互動溝通模式分析	從紀錄資料中分析自己常用何種態度、語氣來與孩子互動。 1. 分析自己經常採取的溝通方式。 2. 與孩子溝通上曾面臨到的困難。 3. 擬訂自己期望達到的親子溝通方式。	25'		
2. 討論、練習溝通技巧	1. 討論與小孩的溝通技巧。 2. 簡介傾聽、同理心、讚許、建設性非批評式溝通……等。 3. 以實際遭遇的問題為例子，作為行為預演或角色扮演，練習傾聽孩子及達到有效溝通的技巧。	50'		
3. 結束	1. 領導者作總結。 2. 成員實際去演練與孩子間的良好溝通。 3. 閱讀有關離異的相關資料。	15'		

各單元設計表五

單元名稱	有效的溝通	次數	第 5 次	人數	6~8 人
		時間	90 分	地點	團諮室
單元目標	1. 親子溝通、互動技巧的演練。 2. 解決親子互動產生之困擾。				
準備器材					

活動名稱	活動流程	時間	器材	備註
1. 分享實作經驗	1. 討論及分享成員實際去演練與孩子間溝通的經驗。 2. 分享閱讀相關資料的心得或意見。	20'		
2. 傾訴、自我開放練習	1. 繼續討論與小孩的溝通技巧。 2. 簡介溝通原則、態度及技巧。 3. 討論成員親子溝通上的困擾。 4. 以實際遭遇的困擾為例子，作為演練或角色扮演，練習傾聽孩子及達到有效溝通的技巧。	55'		
3. 結束	1. 領導者作總結。 2. 成員實際去演練與孩子間的良好溝通。 3. 找一個時間與孩子共處、接近孩子。	15'		

各單元設計表六

單元名稱	問題解決（解決小孩的問題）	次數	第 6 次	人數	6~8 人
		時間	90 分	地點	團諮室
單元目標	1. 協助成員問題解決。 2. 瞭解家人的情緒和反應。				
準備器材					

活動名稱	活動流程	時間	器材	備註
1. 問題討論	實際演練和孩子良好溝通的心得，問題討論及解決。	15'		
2. 問題解決技巧	1. 討論如何告訴小孩離婚的事實及瞭解小孩心裡的想法。 (1)小孩對離婚事實的瞭解情況。 (2)小孩對父母離婚的反應。 (3)離婚對小孩造成哪些方面的影響。 2. 以成員個人遭遇的問題（跟小孩方面）來練習問題解決的步驟，重點在創造出許多種選擇或多種解決途徑，領導者應協助成員擴展解決問題的思考範圍，增加可採行的途徑，最重要的，在問題解決的過程中強調溝通技巧。	60'		
3. 結束	指定家庭作業，練習問題解決，記錄「問題解決」發生的時間及它如何運作，同樣的，繼續打電話給支持者。	15'		

各單元設計表七

單元名稱	信念對我的影響	次數	第 7 次	人數	6~8 人
		時間	90 分	地點	團諮室
單元目標	1. 調適自己成為單身及單親的看法。 2. 發展合理、正向的信念。				
準備器材					

活動名稱	活動流程	時間	器材	備註
1. 家庭作業檢討	檢視家庭作業執行狀況與問題。	20'		
2. 信念與我	成員記錄自己對離婚、婚姻及家庭的看法，自己所秉持的觀念（信念）及什麼理由支持這些信念持續保留。 1. 區分這些信念給自己帶來什麼影響。 2. 分析信念是正向的或是負向的（哪些是合理的，哪些是不合理的）。 3. 分析不合理信念對行為及情緒的影響。 4. 說明正向自我對話對行為及情緒的影響。 5. 討論如何改變自己不合理的自我對話，練習改變，並寫下積極的說法。	45'		
3. 結束	1. 成員對團體作回饋，檢視團體目前的狀況、成員的參與狀況，及展望下幾次團體的方向。 2. 領導者回饋及總結。 3.（家庭作業）改變日常負向的自我對話，練習換個角度來看問題，以正向積極的自我對話來替代。	25'		

各單元設計表八

單元名稱	問題解決（解決自己和小孩之間的問題）	次數	第 8 次	人數	6~8 人
		時間	90 分	地點	團諮室
單元目標	1. 改善消極自我觀念。 2. 練習正向自我內容。				
準備器材					
活動名稱	活動流程	時間	器材	備註	
1. 我如何告訴自己	成員利用 5 分鐘的時間，思考目前自己與小孩相處，或從小孩身上發現的問題，並加以記錄下來。	5'			
2. 認知重建	以成員個人遭遇的問題，或與孩子互動、管教子女上遭遇的問題為討論之重點，練習問題解決的步驟。 1. 瞭解問題性質。 2. 分析導致問題產生的可能原因。 3. 針對問題原因思考可以解決的方法。 4. 評估各個方法可能導致的結果。 5. 根據執行結果，檢討得失。 6. 再執行。 ※重點在創造出多種選擇或解決問題的多種途徑，領導者協助成員擴展解決問題的思考範圍，增加可採行的途徑，並強調問題解決過程中溝通技巧的重要性。	70'			
3. 結束	1. 預告團體結束。 2. 希望成員練習問題解決方法，並加以記錄，以便下次團體分享。	15'			

各單元設計表九

單元名稱	問題解決	次數	第 9 次	人數	6~8 人
		時間	90 分	地點	團諮室
單元目標	1. 改善人際關係——與前任配偶、小孩、姻親及朋友間的人際關係。 2. 成員個別問題之探討與解決。				
準備器材					

活動名稱	活動流程	時間	器材	備註
1. 家人、朋友與我	問題解決方法演練結果及心得分享。	20'		
2. 個別問題討論	1. 針對成員嘗試成功的問題解決經驗分享及增強。 2. 針對成員實施遇挫者，探討與分析進一步的作法，訂定有效的策略，鼓勵繼續嘗試。 3. 認知重建。 4. 成員個別問題討論。	50'		
3. 結束	1. 回饋團體。 2. 作總結。 3. 給成員回饋。 4. 預告團體結束。	20'		

各單元設計表十

單元名稱	珍重再見	次數	第 10 次	人數	6~8 人
		時間	90 分	地點	團諮室
單元目標	1. 發展新的因應生活技巧。 2. 擴展成員活動及興趣範圍。 3. 規劃未來。				
準備器材					

活動名稱	活動流程	時間	器材	備註
1. 回顧團體	分享團體即將結束，成員此刻的心理感受。	25'		
2. 朝向未來	1. 回顧他們現在到達的狀況（目前在團體中的位置），及他們對參加團體的感覺如何。 2. 回顧成員所學的——領導者簡述 9 次團體進行的主題，引導成員共同回顧團體進行的狀況，及回顧所學及心得。 3. 訂定將來的目標，及可以協助自己的途徑。 4. 討論小孩目前的狀況：有何改變及將來的方向。 5. 介紹社區其他資源或其他可尋求協助的機構。	40'		
3. 說再見	1. 成員彼此回饋、建議及祝福。 2. 領導者作總結。 3. 討論如何落實團體所學。	25'		

第五章

繼親家庭學生團體諮商方案設計實例

美麗心家園

◎林淑菁／設計
◎謝麗紅／指導

一、**團體名稱**：美麗心家園。

二、**團體總目標**：以認知行為取向團體諮商來協助國中繼親家庭青少年調整或修正其不良的認知內容、找出其認知上的盲點，結合行為或行動的方法，並且運用於實際生活中，以期能增進親子關係、提升自我概念和減低行為困擾，達成更有效、良好的輔導效果。

三、**團體性質**：結構性團體諮商。

四、**團體對象**：國中繼親青少年——父母離婚或父母其中一方死亡後再婚，而現在與繼父、生母同住，或與生父、繼母同住的國中一、二年級的青少年。

五、**團體人數**：8～10 人。

六、**團體地點**：團諮室。

七、**時間及次數**：共進行 14 次，每週 2 次，每次 45 分鐘的團體諮商，並於團體結束後兩週實施追蹤團體，以評估團體持續性之效果。

八、**領導者及訓練背景**：領導者在大學時曾修習過團體輔導、諮商理論與技術、團體諮商、團體諮商實習、親職教育、婚姻與家庭、人際關係、發展心理學、青少年心理輔導等課程。在研究所時曾修習過學校輔導工作研究、諮商理論研究、團體諮商研究、諮商倫理研究等課程。在任教的學校有實際帶領團體的經驗，帶領過的團體包括人際關係團體、兩性關係團體、親子關係團體、生涯輔導團體等。

九、**招募方式及成員篩選標準**：

1. 界定「繼親家庭」之標準——係指父母離婚或父親死亡後，母親再婚，子女與繼父、生母共同居住者的繼父家庭，以及包括父母離婚或母親死亡後，父親再婚，子女與繼母、生父共同居住者的繼母家庭。

2. 請一、二年級各班導師填寫「繼親家庭國中生推薦表」，凡班上有合於繼親家庭條件之學生則推薦之。

十、**理論依據**：

本團體採 Rose（1999）的多重方法認知行為互動團體諮商取向，針對國中階段繼親青少年所設計之結構性團體諮商。

繼親家庭的青少年結束原生家庭或單親家庭的生活，重新投入另一個不熟悉的環境，其身心適應的問題需加以深入探討和輔導。從對繼親家庭青少年的相關文獻探討和研究中，此繼親家庭的型態已是一既存的社會現象，然而，因為傳統文化對繼親家庭多持有負向的觀點，使得一般人對於繼親家庭都存有誤解和過多的期望。

通常繼父母會被認為是不好的,其在社會的評價中仍是負面多於正面的,使其子女承受許多內在和外在的壓力、挫折和緊張,不僅影響其對親子關係的想法,也傷害自我價值的肯定,其自我概念的發展似乎是居於較不利的地位。同時,對外採隱瞞繼親之事實,甚或是以單親家庭來包裹,所以繼親家庭的狀況容易因潛藏在單親家庭和核心家庭的外貌下,忽略其真實的生活經驗和需求(柯文生,2002)。

繼親家庭的成員經驗了離異、破碎的失落與重組的適應等一連串的壓力、改變和調適,尤其對繼親家庭的青少年而言,在獨立與依賴之間,卻又深受家庭的影響,常導致青少年缺乏時間建立信任與親密關係,亦影響其個人情緒適應方面,常呈現敏感和無力感兩個極端(黃瑞雯,2000)。其經驗了失落的過程、單親家庭的適應,但是由於父母再婚的原因,使其必須再經歷家庭結構的改變,急速地多方面的改變,家庭關係較為緊張和疏離,使成長於其間的子女容易出現焦慮和不安等負面情緒和困擾。

尤其是處於青少年階段的國中生正值生理和心理變化最劇烈的時期,在情緒發展上極不穩定,對自我概念的發展亦產生影響,然而,自我概念在青少年階段特別重要,因為在生命的過程中,此階段是經驗的原動力,發展理論學者認為青少年階段由於認知的發展,會增加自我省察,並且會以他人對自己的評價視為最重要,而之後的改變會使其用最新的認知發展來建立其價值觀和社會地位的自我調適,所以,青少年的自我概念能有效地促使個人經歷此重要階段而順利發展(吳佳玲,1995)。根據 Amato 和 Ochiltree 於 1987 年研究結果得知,繼親家庭青少年的自我概念較一般核心家庭或單親家庭的青少年差,這是值得注意和關切的。

許多研究指出,家庭關係的親疏常會影響到子女在各方面的適應情形,在繼親家庭中,親子關係、子女的生活適應和友伴關係均較一般家庭差(林月琴,1991),繼親雖然能因親生父母的定位和協助,以及繼親親屬網絡的支持促成繼親子間的親密度,然而,負面的社會評價則促使繼親子間趨向疏遠(黃伶蕙,1998)。繼親家庭的子女其父母婚姻的破裂和家庭的重組,會混淆其學習社會期望行為,造成其較以負向或敵視的態度和行為來與人相處,而產生人際方面的困擾。且由於繼親家庭的家庭界線和次系統較複雜,不易拿捏,常使得父母和子女之間的情感連絡及互動關係,皆較完整家庭差,繼父母與子女之間常存有較多的衝突。而親子關係間的和諧,直接影響其子女如何和學校的教師、同儕交往的態度和技巧,因此,親子關係的不和諧,常導致子女否定其自我價值而顯現自卑、退縮的行為,會有較差的學校關係。繼親家庭的青少年由於社會化的不完全或不適當,會造成表現不合宜

的社會行為，使其較正常家庭的子女有較多的失調行為和行為困擾（王鍾和，1993；何詠俞，1993；王德琳，1994）。

同時，吳佳玲（1995）研究結果也發現親子關係類型的不同，子女的各項行為表現確實有顯著差異存在，「聚頻心繫」的親子互動關係，子女有較佳的行為表現，反之，「聚疏心離」的親子互動關係，則子女的各項行為表現最差，而在繼親家庭中，最常採用的親子互動關係卻為「聚疏心離」的類型。因此，家庭、學校及社會大眾能正視繼親家庭的存在，健全繼親家庭的功能，並提升繼親家庭親子間的融洽關係，進而促使繼親家庭子女有良好的適應是重要的。Hetherington 和 Clingempeel 於 1992 年指出，對青春期的子女而言，即使其父母再婚兩年，仍有許多行為問題的存在，可以發現其對繼親常存在著一些不合理的信念和認知，總覺得繼親是會虐待人的、具有暴力傾向、會占有他的生親和家庭等，而產生較差的親子關係。同時父母再婚使其感到自己的重要性減低而影響其自我概念，為吸引生親之注意的眼光或不認同再婚生親的規範，而產生較多的行為困擾，所以正處於此時期的繼親家庭國中生更需要協助和輔導。

Kahn（1988）指出認知行為團體諮商特別適合於青少年，藉由認知的教導、認知的改變和行為的練習，產生更正向的想法和行為，並能將此不同的認知與行為實際地運用到日常生活當中。協助成員檢視或改變其思考和認知的方式與內容，透過在團體中互動，分享其生活和接受有關他們的感覺、想法和行為的回饋（黃月霞，1990）。其目標在教導青少年有效的因應策略，減低行為困擾，並廣泛地運用系統化的問題解決的步驟和方法，包括：建立目標、定義問題情境、透過團體醞釀策略、在團體中練習新的想法和目標、在團體外或家庭作業中實行目標行為、到團體中回報目標行為的實行狀況並做調整、最後能於真實情境中應用自如。除了教導成員系統化的解決問題的策略，尚含認知與放鬆訓練、示範與練習、操作與刺激控制、社交娛樂訓練、人際關係訓練、行為預演等，以作為因應的技巧（Rose, 1999）。

繼親家庭青少年處於 Erikson 的發展危機論中的自我統整對角色混亂期，面對環境和身心發展的雙重變遷，容易以負向思考的結果，將個人、家庭和學校的事件，以自我中心、兩極化等不合邏輯的方式來解釋，扭曲或誇大了現實的可能性，產生許多不良適應行為和情緒的困擾。所以，可協助其學得系統化問題解決的過程和技巧，使用認知重組的方式，鼓勵青少年自己以合乎邏輯的想法，取代有礙其能力展現的思考模式，以自我指導的方式覺察面對問題或壓力情境的自我挫敗的對話，並將這些對話換成新的、更能發揮能力的自我對話，並且以放鬆技巧來處理其痛苦、

壓力或外在的環境和事件。而社會支持是因應問題的助力，除了團體本身就是一個支持的來源之外，透過團體內的示範和學習不僅可以協助學習和練習具體的正向因應方式，同時亦可建立支持性的社交網絡，以協助其產生更良好的適應。

　　因此，本團體採 Rose 認知行為互動團體諮商的折衷取向，其強調認知行為學派的各理論和策略有其不同的優點。由於國中繼親家庭青少年的認知發展尚未成熟，僅以 Ellis ABCDEF 理論介紹和說明「事件、想法和情緒」，引導成員重新建構其問題和情緒的來源，以 Beck 的五欄法來蒐集和覺察其想法上的謬誤。而 Ellis 駁斥方式的進行和 Beck 謬誤想法之辨正，對於國中生而言可能在進行上有些困難、較不適用，所以，之後以正負向內言的自我教導訓練，來協助其調整和改變認知的部分，針對行為的部分所採取的是問題解決策略和步驟及檢核表的使用。因此，本團體期以認知的策略和行為的技術，協助繼親家庭青少年破除對繼親的迷思、對於自我有更正向的看法，並減少行為困擾及增加正向之行為表現。

參考文獻

王德琳（1994）。**繼親家庭父母管教方式對國中生自我概念及偏差行為影響的比較研究**。中國文化大學家政研究所碩士論文，未出版，台北。

王鍾和（1993）。**家庭結構、父母管教方式與子女行為表現**。國立政治大學教育研究所博士論文，未出版，台北。

何詠俞（1993）。**不同家庭結構中父母管教方式對子女自尊心與偏差行為之影響研究**。中國文化大學家政研究所碩士論文，未出版，台北。

吳佳玲（1995）。**家庭結構親子互動關係與青少年子女行為表現之研究——繼親家庭與生親家庭之比較**。中國文化大學家政研究所碩士論文，未出版，台北。

林月琴（1991）。**繼親家庭親子關係與子女生活適應、友伴關係之研究**。中國文化大學家政研究所碩士論文，未出版，台北。

柯文生（2002）。繼親家庭兒童的適應困擾與輔導策略。**諮商與輔導**，196，17-21。

黃月霞（1990）。**團體諮商**。台北：五南。

黃伶蕙（1998）。**生與養——繼親家庭親子關係探討**。國立台灣大學社會學研究所碩士論文，未出版，台北。

黃瑞雯（2000）。**繼親家庭青少年之生活適應歷程**。國立政治大學社會學研究所碩士論文，未出版，台北。

Amato, P. R., & Ochiltree, G. (1987). Child and adolescent competence in intact, one-parent, and step-families: An Australian study. *Journal of Divorce, 10*, 75-96.

Hetherington, E. M., & Clingempeel, W. G. (1992). Coping with marital transition: A family systems perspective. *Monographs of the Society for Research in Child Development, 57*, 2-3.

Kahn, W. J. (1988). Cognitive-behavioral group counseling: An introduction. *School Counselor, 35*(5), 343-352.

Rose, S. D. (1999). *Group therapy with troubled youth—A cognitive-behavioral interactive approach*. California: Sage.

團體單元設計大綱

單元	單元目標	活動重點	時間	家庭作業
一、有緣來做伙	1. 介紹團體的性質和進行的方式。 2. 成員彼此相互認識。 3. 澄清團體目標。 4. 訂定團體規範。	1. 相見歡。 2. 小小記者。 3. 我們的約定。 4. 肯定成員表現及分派家庭作業和填寫團體意見回饋表。 5. 預告下次團體內容。	3' 17' 20' 5'	讓成員觀察生活中滿意和困擾的事。 （酸甜苦辣留言板）
二、家家有本難念的經	1. 瞭解父母再婚所引發的感受和遭遇到的問題。 2. 協助成員將父母再婚的問題一般化。	1. 分享家庭作業。 2. 家是什麼：藉由影片欣賞《親親小媽》，協助成員思考和覺察其對繼親家庭的態度和感受，及其所遭遇到的問題並非獨特。 3. 肯定成員表現及分派家庭作業和填寫團體意見回饋表。 4. 預告下次團體內容。	5' 35' 5'	讓成員觀察生活中因父母再婚而有所不同和想改變的情形。 （我的心情故事）
三、點燃希望	1. 瞭解父母再婚所遭遇到親子關係的問題及引發的情緒。 2. 覺察其情緒是受到對事件所抱持的看法所影響。	1. 分享家庭作業。 2. 我的生命線圖：回顧成為繼親的過程中，最難適應的部分、重要的事件點及其感受和之後的影響。 3. 奇檬子的祕密：說明 Ellis 的 ABCDEF 理論，介紹和說明「事件、想法和情緒」。引導成員重新建構其問題和情緒的來源。 4. 肯定成員表現及分派家庭作業和填寫團體意見回饋表。 5. 預告下次團體內容。	5' 15' 20' 5'	填寫五聯表：事件的發生（情境和行為）、當時的想法、情緒和結果，以及如果事情再重來一遍，會怎麼想？怎麼做？將有關父母再婚後之家庭關係認知重組。 （情緒 ABC）

（續）

單元	單元目標	活動重點	時間	家庭作業
四、不變的愛（生我父母）	1. 協助成員探索父母再婚後與親生父母的互動情形和相處狀況。 2. 協助成員覺察父母再婚後與親生父母相處時發生的問題，並願意面對和解決。	1. 分享家庭作業。 2. 家庭樹。 3. 其實我真的很在乎：檢視父母再婚後與親生父母的互動和相處時的問題，以及覺察和調整其自己的感受、想法和行動。 4. 肯定成員表現及分派家庭作業和填寫團體意見回饋表。 5. 預告下次團體內容。	5' 10' 25' 5'	記錄觀察和體會在父母再婚事件後與親生父母互動的情形，帶給他們的困擾可能會有哪些，以及自己的擔心並思考解決的方式。（不變的愛）
五、真心相待（新爸新媽）	1. 協助成員瞭解繼父母所扮演的家庭角色。 2. 協助成員探索父母再婚後與繼父母的互動情形和相處狀況。 3. 協助成員覺察父母再婚後與繼父母相處時發生的問題，並願意面對和解決。	1. 分享家庭作業。 2. 真心相待：繪本賞析《我的邪惡繼母》。 3. 這是真的嗎：檢視父母再婚後與繼父母的互動和相處時的問題，以及覺察和調整自己的感受、想法和行動。 4. 肯定成員表現及分派家庭作業和填寫團體意見回饋表。 5. 預告下次團體內容。	5' 10' 25' 5'	記錄觀察和體會在父母再婚事件後與繼父母互動的情形帶給他們的困擾可能會有哪些，以及自己的擔心並思考解決的方式。（轉個彎）
六、手足情	1. 協助成員探索自己與手足的互動情形和相處狀況。 2. 協助成員思考和感受父母對待自己和手足的異同，以及原因為何，進而改善或增進其手足間和	1. 分享家庭作業。 2. 手足之間：以布偶劇扮演和分享平時與手足的互動情形和相處狀況，說說當有衝突的情境時，生親和繼親處理的方式為何，自己的想法和感受，以及衝突事件中生親和繼親的困擾，自己可以如何做會更好。	5' 35'	記錄本週對父母再婚事件後與手足互動的情形，及思考和體會父母對待自己和手足的異同，以及原因為何。（體貼的心）

（續）

單元	單元目標	活動重點	時間	家庭作業
六、手足情	親子間的關係。	3. 肯定成員表現及分派家庭作業和填寫團體意見回饋表。 4. 預告下次團體內容。	5'	
七、有我真好	協助成員建立對自我的正向概念。	1. 分享家庭作業。 2. 自我意像圖：用任何圖像的方式代表自己，以探索自己的優點。 3. 優點轟炸：邀請其他成員給予分享的成員回饋，來增加正向的自我概念。 4. 肯定成員表現及分派家庭作業和填寫團體意見回饋表。 5. 預告下次團體內容。	5' 15' 20' 5'	記錄在未來的一週，從自己、家人和朋友的三個角度來探索喜歡自己的部分，可邀請團體外的重要他人給予回饋。 （有我真好）
八、我真的很不錯	1. 探討因父母再婚而對自我產生的影響，協助成員對於困擾事件檢視其負向內言和設計、建立正向內言。 2. 讓成員思考自己所能、肯定自己。	1. 分享家庭作業。 2. 自我意像的延續。 3. 我真的很不錯：就家中的事件依發生前、發生時、情緒爆發時、結束時等四階段找出負向內言和發展正向內言，並做使用效果評量和思考改進之道。 4. 肯定成員表現及分派家庭作業和填寫團體意見回饋表。 5. 預告下次團體內容。	5' 15' 20' 5'	觀察並記錄運用自我教導訓練——正負向內言於父母再婚事件後，關於家庭生活困擾事件的面對和處理。 （我真的很不錯）
九、嚮往的學校生活	1. 協助成員去思考在學校生活中印象最深刻的事，不管是令人生氣或愉快的事，其原因來自於想	1. 分享家庭作業。 2. 學校中的事：以幻遊的方式想像學校一天中的生活印象最深刻的事，不管是令人生氣或愉快的事。 3. 我可以的：就學校中的困	5' 5' 30'	觀察並記錄運用自我教導訓練——正負向內言於學校生活困擾事件的面對和處理。 （我可以的）

（續）

單元	單元目標	活動重點	時間	家庭作業
九、嚮往的學校生活	法。 2. 協助成員對於學校生活中的困擾事件，檢視其負向內言和設計、建立正向內言。	擾事件依發生前、發生時、情緒爆發時、結束時等四階段，找出負向內言和發展出正向內言，並做使用效果評量和思考改進之道。 4. 肯定成員表現及分派家庭作業和填寫團體意見回饋表。 5. 預告下次團體內容。	5'	
十、Q&A	1. 協助成員面對自身的問題，並擬出具體的解決方案。 2. 協助成員以腦力激盪找出可能的方式腦力激盪，並以角色扮演的方式演練問題解決的步驟，成員從團體中獲得支持的力量（問題解決訓練）。	1. 分享家庭作業。 2. 布偶劇：示範解決問題的步驟和方法。 3. 最佳男女主角：兩兩成員一組提出實際生活中的問題情境或困擾事件，先以腦力激盪找出可能的方式，之後，回到大團體以角色扮演的方式演練問題解決的步驟。 4. 肯定成員表現及分派家庭作業和填寫團體意見回饋表。 5. 預告下次團體內容。	5' 5' 30' 5'	將問題解決技巧運用於日常生活之中，並記錄下來。（GO，GO，GO）
十一、Trust me, I can make it	1. 協助成員面對自身的問題，持續應用問題解決的策略和行動。 2. 協助成員對於策略和具體方法的選擇和決定。	1. 分享家庭作業。 2. 最好的選擇：教導、運用和練習問題解決檢核表，選擇最佳的策略和方法。 3. 肯定成員表現及分派家庭作業和填寫團體意見回饋表。 4. 預告下次團體內容。	5' 35' 5'	實際運用問題解決的步驟和檢核表於日常生活之中，並做觀察、記錄和檢視。（小試身手）

（續）

單元	單元目標	活動重點	時間	家庭作業
十二、哆啦A夢的百寶袋	1. 協助成員形成的個人行動計畫。 2. 集思廣益：從自身及他人尋找解決問題的方法和支持。	1. 分享家庭作業。 2. 百寶袋：針對每位成員提出的困擾，全體以腦力激盪的方式，集思廣益。 3. 肯定成員表現及分派家庭作業和填寫團體意見回饋表。 4. 預告下次團體內容。	5' 35' 5'	記錄在想法和做法調整或改變後，對自己生活的變化，以及思考還可以做些什麼努力。 （原來如此）
十三、行動家	1. 協助成員持續形成的個人行動計畫。 2. 整合每位成員的資源，協助其做好準備面對真實世界。	1. 分享家庭作業。 2. 停看聽：引導成員訂定未來目標，並思考正向的內言和具體的做法、助力和阻力。 3. 一路上有你：在大團體中進行角色扮演，演練未來目標的執行，並體驗可能會遇到的困境，以及思考該如何來解決。 4. 肯定成員表現及分派家庭作業和填寫團體意見回饋表。 5. 預告下次團體內容。	5' 15' 20' 5'	自我監控表：為自己訂定一個本週想做到的目標，詳細記錄自己的執行情形。 （一步一腳印）
十四、美麗人生	1. 統整團體的經驗和體驗自己的改變。 2. 給予成員支持的力量，以增強其能在團體結束後持續面對和處理父母再婚的問題和個人的困擾。 3. 處理成員離別情	1. 分享家庭作業。 2. 時光拼圖：回顧整個團體的歷程，成員分享參加團體前後所發生的改變。 3. 愛的禮物：成員互相祝福與回饋。 4. 畢業典禮：鼓勵其持續將在團體中所學付諸行動，協助個人有更良好的適應和發展。	3' 25' 15' 2'	鼓勵成員應用團體所學，繼續執行目標，讓改變持續發生。

（續）

單元	單元目標	活動重點	時間	家庭作業
	緒、互相祝福和回饋。			
優質新生活（追蹤團體）	協助成員檢視團體結束後期間的執行狀況（實施兩週後的追蹤團體）。	1. 時光隧道。 2. 人生盾牌：引導成員繪製個人盾牌，並思考和回答下列問題：(1)我的優點有；(2)我對於父母再婚的想法是；(3)我和生父母的相處情形是；(4)我和繼父母的相處情形是；(5)我和手足之間的相處情形是；(6)在學校生活中，我感到滿意的事有；(7)在家庭生活中，我感到滿意的事有。 3. 引導和鼓勵成員思考和分享自己未來的目標和可能的具體做法，讓目標繼續發生。	3' 15' 27'	鼓勵成員繼續執行目標，讓改變持續發生。

各單元設計表一

單元名稱	有緣來做伙	次數	第 1 次	人數	8 人
		時間	45 分	地點	團諮室

單元目標	1. 介紹團體的性質和進行的方式。 2. 成員彼此相互認識。 3. 澄清團體目標。 4. 訂定團體規範。
準備器材	四對剪好的圖案、信封、筆、「小小記者」訪問單、團體意見回饋表、團體規範書、「我的心情故事」家庭作業單

活動名稱	活動流程	時間	器材	目標
1. 相見歡	1. 領導者自我介紹，說明和鼓勵成員： 歡迎成員參與此次團體，主要的目的是透過團體的方式，大家集思廣益、相互幫助，不僅協助大家自我探索、增進對自我瞭解，同時能適時地表達自己想法與感覺，在學校和家庭生活中能更自在和快樂。 大家可以將你在日常生活中有關的問題帶到團體中來，讓大家共同討論，透過這樣的進行方式，共同協助每個人解決問題，並且學習遇到類似情形時，自己可以有哪些更好的解決方式，團體共進行 14 次，每週 2 次，每次是 45 分鐘。 2. 領導者詢問成員是否還有疑問並做解答和補充。	3'		1 3
2. 小小記者	1. 領導者說明： 首先我們要進行一個活動，讓你們能夠進一步認識彼此，這裡有八個信封，裡面裝了一張小卡與一張訪問單，請你們尋找和你一樣形狀小卡的另外一半，互相訪問單上的題目，等	17'	信封、訪問單、筆	2

（續）

活動名稱	活動流程	時間	器材	目標
	一下活動進行完，要請訪問者介紹另一半給大家認識，並由受訪問者做補充。 2. 領導者從團體成員的介紹過程中引導成員連結彼此之間的共同之處，引發團體互動。			
3. 我們的約定	1. 領導者請成員以正向的敘述句說出對於團體的期待與希望大家能夠遵守的約定。 2. 拿出事先準備好的團體規範書，引導成員表達自己的想法，以及討論團體成員是否都能同意遵守這些規範，最後請大家在上面簽名，一張作為個人保管之用，另一張全體成員共同簽名領導者保管。 3. 領導者強調團體中的規範，請成員能確實遵守，同時也提醒成員雖然保密是規範，但是有賴於成員的遵守，因此如果有擔心或者覺得不適合，自己可以決定是否要說，以及說的深入程度。	20'	團體規範書	3 4
4. 總結	1. 領導者對成員的表現給予正面和肯定的鼓勵，並填寫團體意見回饋表。 2. 說明本次的家庭作業以及預告下一次團體的內容。	5'	團體意見回饋表、家庭作業單	

小小記者

姓名

我最得意的一件事

我的家中有多少人？

我最喜歡的家人

我的家像什麼？
為什麼？

三個最能形容
我家的形容詞

我們的約定

1. 我能在上課鐘響前，進入團諮室坐好。（準時）

2. 我能夠盡自己的努力，投入團體之中，表達自己的看法。

3. 別人表達意見時，我能靜下來傾聽、不打岔。

4. 即使不同意別人的說法，我也不做人身攻擊的批評別人。

5. 我會保密團體中的談話內容，不和團體外的同學、朋友說。

6. 我願意全心全意投入團體中的活動。

7. 對於每次的家庭作業，我一定盡力完成。

8. 其他

9.

10.

民國　　年　　月　　日

簽名：＿＿＿＿＿＿

家庭作業

❀ 酸甜苦辣留言版 ❀

姓名： 日期： 月 日～ 月 日

　　各位伙伴，請你仔細觀察和回想在日常生活中，不論是在家中或學校裡……

一、感到滿意或愉快的事……

二、感到困擾或不愉快的事……

團體意見回饋表

各位伙伴，我們需要你對本次參加團體的想法與意見，作為團體進行方式與方向的評估與修正，請你真實回答下列問題：

	非常同意	同意	有點同意	有點不同意	非常不同意
1. 我在團體可以很自在					
2. 我可以放心在團體中說出自己的想法					
3. 我覺得在團體裡的成員值得我信任					
4. 我知道本次團體的內容與目的					
5. 我喜歡領導者帶領的活動					
6. 我喜歡活動的帶領方式					

7. 我覺得有些地方需要改進：

8. 我想對領導者說：

9. 我覺得今天自己的表現可以有　　　分（1～10 分）
　　因為：

各單元設計表二

單元名稱	家家有本難念的經	次數	第 2 次	人數	8 人
		時間	45 分	地點	團諮室
單元目標	1.瞭解父母再婚所引發的感受和遭遇到的問題。 2.協助成員將父母再婚的問題一般化。				
準備器材	影帶《親親小媽》（剪輯而成）、「家是什麼」學習單、團體意見回饋表、「我的心情故事」家庭作業單				

活動名稱	活動流程	時間	器材	目標
1.家庭作業	領導者邀請成員分享家庭作業，領導者做回應並且連結到本次團體的主題。	5'	上次的家庭作業	
2.家是什麼	1.邀請成員欣賞影片並填寫「家是什麼」作業單，意即回答下列幾個問題： 　(1)如果我是影片中的女孩，我想對親生父親說什麼？對親生母親說什麼？對繼母說什麼？ 　(2)我對自己父母再婚的態度和感覺是？ 　(3)在自己的家庭生活中印象最深刻或較深刻的衝突是？ 　(4)自己生活中印象最深刻或較深刻的感動是？ 2.請成員分享，並予以回饋，領導者協助成員瞭解父母再婚所引發的感受和遭遇到的問題，及父母再婚的問題並非是獨特的。	20' 15'	影帶《親親小媽》、「家是什麼」作業單	1 2
3.總結	1.領導者對成員的表現給予正面和肯定的鼓勵，並填寫團體意見回饋表。 2.說明本次的家庭作業，邀請成員於團體外做練習，並記錄結果，以及預告下一次團體的內容。	5'	團體意見回饋表、家庭作業單	

家是什麼

1. 如果我是影片中的女孩，我想……

　　對親生父親說……

　　對親生母親說……

　　對繼母說……

2. 我對自己父母再婚的態度和感覺是？

3. 在自己的家庭生活中印象最深刻或較深刻的衝突是？

4. 在自己的家庭生活中印象最深刻或較深刻的感動是？

家庭作業

∿ 我的心情故事 ∿

姓名：　　　　　　　　　　日期：　　月　　日～　　月　　日

各位伙伴，請你仔細觀察、回想和家人的互動中……

一、因父母再婚而有所不同的情形是……

二、父母再婚後自己想改變的情況有……

各單元設計表三

單元名稱	點燃希望	次數	第 3 次	人數	8 人
		時間	45 分	地點	團諮室
單元目標	1. 瞭解父母再婚所遭遇到的問題及引發的情緒。 2. 覺察其情緒是受到對事件所抱持的看法所影響。				
準備器材	「生命線圖」學習單、海報、筆、團體意見回饋表、「情緒ABC」家庭作業單				

活動名稱	活動流程	時間	器材	目標
1. 開麥拉	領導者協助成員回顧前次的團體內容，邀請成員分享家庭作業，領導者做回應並且連結到本次團體的主題。	5'		
2. 生命線圖	1. 邀請成員填寫生命線圖，意即回顧成為繼親的過程中，最難適應的是什麼？生命歷程中對你很重要的事件點和感受、對你的影響是什麼？ 2. 寫完後，領導者引導成員去體會事件發生後可能會有的情緒，並做分享和回饋，領導者給予正向的部分增強和肯定。	15'	「生命線圖」、學習單	1
3. 奇檬子的祕密	1. 領導者發下講義說明 Ellis 的 ABCDEF 理論，說明：「A 是指引發性事件會產生強烈的情緒結果C，B 是指個人對事件所抱持的信念所引起，藉由教導當事人駁斥 D 不合理信念以產生改變E，最後產生新的感覺 F」，以婆婆的菜園為例做說明。 2. 領導者拿出介紹「事件、情緒和想法」的海報，邀請成員一同找出故事中兩位婆婆的「事件、情緒和想法」各是什麼，並引導成員思考：情緒的引發，不是事情的本身，而是因為對	20'	海報	2

（續）

活動名稱	活動流程	時間	器材	目標
	事件的看法或是自己對自己所說的話所導致的，並舉一些例子加深成員印象。 3. 讓成員將主角換成自己練習說說其想法和情緒為何，並重新為自己的經驗做詮釋、換個想法。			
4. 總結	1. 領導者對成員的表現給予正面和肯定的鼓勵，並填寫團體意見回饋表。 2. 說明本次的家庭作業以及預告下一次團體的內容。	5'	團體意見回饋表、家庭作業	

理性情緒 ABC 講義

　　Ellis 提出 ABCDEF 理論，A 是指引發性事件會產生強烈的情緒結果 C，B 是指個人對事件所抱持的信念，藉由教導當事人駁斥 D 不合理信念以產生改變 E，最後產生新的感覺 F。

　　　緣起事件　　　　信念　　　　　情緒與行為結果

A (activating event)—B (belief)—C (emotional and behavioral consequence)

　　　　　　　　↑

　　　駁斥介入　　　　效果　　　新感覺

D (disputing intervention)—E (effect)—F (new feeling)

非理性信念的駁斥圖

（資料來源：Corey, 1996, p. 322）

我的生命線圖

例如：

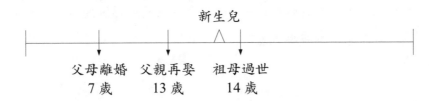

　　　　　　　　　　　　　　新生兒

　　　父母離婚　　父親再娶　　祖母過世
　　　　7 歲　　　　13 歲　　　　14 歲

「情緒 ABC」

姓名：　　　　　　　　　　日期：　　月　　日～　　月　　日

　　各位伙伴，請你觀察在家中令你印象深刻或感到困擾的事件，並且立刻寫下你對這件事的想法、情緒以及當時的反應，幫助你自己做自我的覺察！

事情的發生（情境和行為）	想法	情緒	事件結果	如果事情再重來一遍，我會怎麼想？怎麼做？

各單元設計表四

單元名稱	不變的愛（生我父母）	次數	第 4 次	人數	8 人
		時間	45 分	地點	團諮室
單元目標	1. 協助成員探索父母再婚後與親生父母的互動情形和相處狀況。 2. 協助成員覺察父母再婚後與親生父母相處時發生的問題，並願意面對和解決。				
準備器材	「家庭樹」學習單、彩色筆、「其實我真的很在乎」學習單、團體意見回饋表、「不同的我」家庭作業單				

活動名稱	活動流程	時間	器材	目標
1. 家庭作業	請成員拿出家庭作業，引導成員討論，領導者做回應並且連結到本次團體的主題。	5'	家庭作業單	
2. 家庭樹	領導者說明：這一棵樹代表你的家，樹上的果實就代表你的家人，請試著在樹上畫出你自己和家中其他人的位置。	10'	「家庭樹」學習單、彩色筆	1
3. 其實我真的很在乎	對照家庭樹，並邀請成員去思考和討論父母再婚後： 1. 自己的位置在哪裡？ 2. 我和親生父母的關係是……？ 3. 我和親生父母相處情況是……？ 4. 我理想中與親生父母相處情況是……？ 5. 要達成理想，我會怎麼做？	25'	「其實我真的很在乎」學習單	1 2
4. 總結	1. 領導者對成員的表現給予正面和肯定的鼓勵，並填寫團體意見回饋表。 2. 說明本次的家庭作業以及預告下一次團體的內容。	5'	團體意見回饋表、家庭作業單	

家庭樹

這一棵樹代表你的家，樹上的果實就代表你的家人，請試著在樹上畫出你自己和家中其他人的位置。

其實我真的很在乎

1. 自己的位置在哪裡？

2. 我和親生父母的關係是……？

3. 我與親生父母相處情況是……？

4. 我理想中與親生父母相處情況是……？

5. 要達成理想，我會怎麼做？

098

萬 變 的 愛

姓名： 日期： 月 日～ 月 日

父母再婚對我的影響是……

我覺得父母再婚後，我和生親之間的
衝突、不愉快有哪些，或可能會帶給他們
的困擾會有哪些……

親生父母再婚後……
我在擔心什麼？我有什麼期待？我會怎麼做？

各單元設計表五

單元名稱	真心相待（新爸新媽）	次數	第 5 次	人數	8 人
		時間	45 分	地點	團諮室
單元目標	1. 協助成員瞭解繼父母所扮演的家庭角色。 2. 協助成員探索父母再婚後與繼父母的互動情形和相處狀況。 3. 協助成員覺察父母再婚後與繼父母相處時發生的問題，並願意面對和解決。				
準備器材	《我的邪惡繼母》（繪本）及「這是真的嗎」學習單、「轉個彎」家庭作業單				

活動名稱	活動流程	時間	器材	目標
1. 家庭作業	請成員拿出家庭作業，引導成員討論，領導者做回應並且連結到本次團體的主題。	5'	家庭作業單	
2. 真心相待	以《我的邪惡繼母》繪本賞析，並邀請成員分享心得： 1. 你是否有和小男孩開始時一樣的想法？現在還存在嗎？如果現在沒有了，是什麼原因改變了你？ 2. 你和繼父母的相處情況是……？ 3. 你和繼父母相處最融洽的時候是……？ 4. 你和繼父母最深刻的衝突是……，如何解決的……？ 5. 你理想中和繼父母的相處情況是……？ 6. 如果要達成理想，你可以怎麼做？	10' 25'	繪本、「這是真的嗎」學習單	1 2 3
3. 總結	1. 領導者對成員的表現給予正面和肯定的鼓勵，並填寫團體意見回饋表。 2. 說明本次的家庭作業以及預告下一次團體的內容。	5'	團體意見回饋表、家庭作業單	

這是真的嗎？

1. 你是否有和繪本中小男孩開始時一樣的想法？現在還存在嗎？
   如果現在沒有了，是什麼原因改變了你？

2. 你和繼父母的相處情況是……？

3. 你和繼父母相處最融洽的時候是……？

4. 你和繼父母最深刻的衝突是……，如何解決的……？

5. 你理想中和繼父母的相處情況是……？

6. 如果要達成理想，你可以怎麼做？

轉 個 彎

我覺得我和繼父母之間有哪些衝突、不愉快，
或可能帶給他（她）的困擾會有哪些……

和繼父母相處的過程中，我在擔心什麼？
我會如何達成自己想要的相處方式？

各單元設計表六

單元名稱	手足情	次數	第6次	人數	8人
		時間	45分	地點	團諮室
單元目標					

單元目標	1.協助成員探索自己與手足的互動情形和相處狀況。 2.協助成員思考和感受父母對待上的異同，以及原因為何，進而改善或增進其手足和親子間的關係。
準備器材	布偶、團體意見回饋表、「體貼的心」家庭作業單

活動名稱	活動流程	時間	器材	目標
1.家庭作業	請成員拿出家庭作業，引導成員討論，領導者做回應並且連結到本次團體的主題。	5'	家庭作業單	
2.手足之間	1.領導者先做布偶劇的說明，並配合「體貼的心」學習單上的題目，示範和扮演衝突情境的過程、結果，以及若以後遇到類似的情境可以如何解決會更好的方式。	5'	「體貼的心」家庭作業單	1 2
	2.邀請成員自行分成兩小組，回想平時自己與手足的互動情形和相處狀況，說說當有衝突的情境時，生親和繼親處理的方式為何，自己的想法和感受是什麼，並以布偶劇的方式呈現。	10'		
	3.邀請其中的一組成員演出，沒有參與演出的成員當觀察者，回饋和分享他所看到的，衝突事件中生親和繼親的困擾，以及自己可以如何做會更好。	20'		
3.總結	1.領導者對成員的表現給予正面和肯定的鼓勵，並填寫團體意見回饋表。 2.說明本次的家庭作業為此次團體的討論單「體貼的心」，即為剛才發下的學習單，以及預告下一次團體的內容。	5'	團體意見回饋表、家庭作業單	

體貼的心

1. 我和手足之間較常發生的衝突是……

2. 當時生父母和繼父母的處理態度和方式各是……

3. 當時我的感受是……

4. 我覺得生父母和繼父母這樣處理的原因是……

5. 如果可以重來，我希望生父母……

　我希望繼父母……

　我希望自己……

各單元設計表七

單元名稱	有我真好	次數	第 7 次	人數	8 人
		時間	45 分	地點	團諮室
單元目標	協助成員建立對自我的正向概念。				
準備器材	自我意像圖、海報紙、彩色筆、團體意見回饋表、「有我真好」家庭作業單				

活動名稱	活動流程	時間	器材	目標
1. 檢查家庭作業	領導者邀請成員分享家庭作業,領導者做回應並且連結到本次團體的主題。	5'	上次的家庭作業	
2. 自我意像圖	1. 邀請成員填寫自我意像圖,意即用任何圖像、人物、卡通、動物、物品、抽象畫等,甚至自畫像方式代表你自己,請你在畫完之後在上面寫下五個對自己的形容詞或是描述句。 2. 寫完後,成員輪流分享,領導者給予正向的部分增強和肯定。	15'	自我意像圖	1
3. 優點轟炸	1. 領導者引導成員想出最能代表「自己優點的一句話」,寫在小張海報紙上,並貼在自己的大海報紙上。 2. 邀請每位成員輪流以肯定的態度告訴其他成員自己的優點。 3. 領導者邀請其他成員給予分享的成員優點轟炸或回饋,寫下並貼在該成員的海報上,方式如:「某某,我很欣賞你的……」。 4. 貼完後,請每位成員輪流分享其心得。	20'	海報紙、彩色筆	1
4. 總結	1. 領導者對成員的表現給予正面和肯定的鼓勵,並填寫團體意見回饋表。 2. 說明本次的家庭作業,邀請成員於團體外做練習,並記錄結果,以及預告下一次團體的內容。	5'	團體意見回饋表、家庭作業單	

請用任何圖像、人物、卡通、動物、物品、抽象畫等，甚至自畫像方式代表你自己，請你在畫完之後再上面寫下五個對自己的形容詞或是描述句。

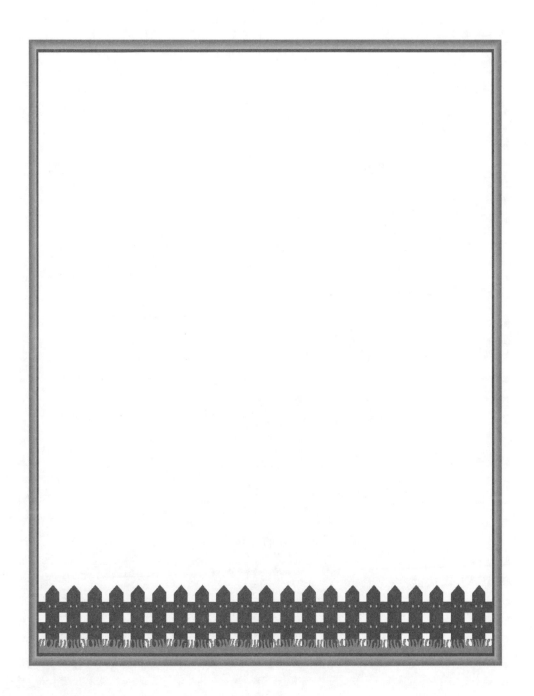

有我真好

姓名：　　　　　　　　　　　日期：　　月　　日～　　月　　日

親愛的：

　　　我很喜歡自己的＿＿＿＿＿＿＿＿＿＿＿＿＿＿＿＿＿＿＿＿，

　　　　　　因為＿＿＿＿＿＿＿＿＿＿＿＿＿＿＿＿＿＿＿＿＿＿；

家人很喜歡我的＿＿＿＿＿＿＿＿＿＿＿＿＿＿＿＿＿＿＿＿＿＿，

　　　　　　因為＿＿＿＿＿＿＿＿＿＿＿＿＿＿＿＿＿＿＿＿＿＿；

朋友很喜歡我的＿＿＿＿＿＿＿＿＿＿＿＿＿＿＿＿＿＿＿＿＿＿，

　　　　　　因為＿＿＿＿＿＿＿＿＿＿＿＿＿＿＿＿＿＿＿＿＿＿。

我對＿＿＿＿＿＿＿＿＿＿＿＿＿＿＿＿＿＿＿＿感到很光榮，

　　　　　雖然在＿＿＿＿＿＿＿＿＿＿＿＿＿＿方面有待加強，

但只要我＿＿＿＿＿＿＿＿＿＿＿＿＿＿＿＿＿＿＿＿＿＿＿。

我想告訴自己的一句話是「＿＿＿＿＿＿＿＿＿＿＿＿」。

　　　　　珍惜自己所擁有的一切！

　　　　　　　　　　　　　　　　　　＿＿＿＿＿＿＿筆

各單元設計表八

單元名稱	我真的很不錯	次數	第 8 次	人數	8 人
		時間	45 分	地點	團諮室

單元目標	1. 探討因父母再婚而對自我產生的影響，協助成員對於困擾事件檢視其負向內言和設計、建立正向內言。 2. 讓成員思考自己所能、肯定自己。

準備器材	「我真的很不錯」學習單和家庭作業單、筆、團體意見回饋表

活動名稱	活動流程	時間	器材	目標
1. 開麥拉	領導者邀請成員分享家庭作業，領導者做回應並且連結到本次團體的主題。	5'	上次的家庭作業	
2. 自我意像的延續	1. 領導者邀請成員分享一件一直困擾他的事情或問題，亦可以發下前次團體的自我意像圖，由其中拋出問題。 2. 領導者說明負向內言和正向內言，引導其他成員幫助這位成員從各個向度作思考，即邀請成員共同為一事件的困擾重寫其正向內言，以作為楷模的提供之示範學習。	15'		1
3. 我真的很不錯	1. 領導者引導成員因父母再婚而對自我產生的影響，邀請成員填寫「我真的很不錯」學習單（自我教導練習表），即就家中的事件依發生前、發生時、情緒爆發時、結束時等四階段，找出負向內言和發展之正向內言的自我教導策略並做評量。 2. 成員輪流分享和回饋，領導者給予正向的部分增強和肯定，讓成員感受到調整或改變並非難事，是有方法的，自己也是可以做到的。	20'	「我真的很不錯」學習單、筆	1 2
4. 總結	1. 領導者對成員的表現給予正面和肯定的鼓勵，並填寫團體意見回饋表。 2. 說明本次的家庭作業，邀請成員於團體外做練習，並記錄結果，以及預告下一次團體的內容。	5'		

我真的很不錯

擬對付的事件：

負向內言	正向內言
＊事件發生前	面對事件的心理準備
＊事件開始發生時	面對及處理事件
＊情緒爆發時	應付即將超過負荷的感覺
＊事件結束後	自我增強及慰勉

使用效果評量：（　）很有效（　）有效（　）有時有效，
　　　　　　　有時無效（　）無效

改進之道：

各單元設計表九

單元名稱	嚮往的學校生活	次數	第9次	人數	8人
		時間	45分	地點	團諮室
單元目標	1. 協助成員去思考在學校生活中印象最深刻的事，不管是令人生氣或愉快的事，其原因來自於想法。 2. 協助成員對於學校生活中的困擾事件，檢視其負向內言和設計、建立正向內言。				
準備器材	「我可以的」學習單和家庭作業單、海報紙、彩色筆、團體意見回饋表				

活動名稱	活動流程	時間	器材	目標
1. 開麥拉	領導者邀請成員分享家庭作業，領導者做回應並且連結到本次團體的主題。	5'	上次的家庭作業、「我可以的」作業單	
2. 學校中的事	1. 以幻遊的方式想像學校一天中的生活印象最深刻的事，不管是令人生氣或愉快的事。	5'		1 2
	2. 協助成員連結之前所學，並思考如何面對和因應其在學校中感到最困擾的問題。	30'		
	3. 領導者引導成員思考其在學校中感到最困擾的問題，邀請其填寫「我可以的」學習單（自我教導練習表），即就學校中的事件依發生前、發生時、情緒爆發時、結束時等四階段，找出負向內言和發展之正向內言的自我教導策略並做評量。			
	4. 成員輪流分享和回饋，領導者給予正向的部分增強和肯定，讓成員感受到調整或改變並非難事，是有方法的，鼓勵其應用於日常生活中。			
3. 總結	1. 領導者對成員的表現給予正面和肯定的鼓勵，並填寫團體意見回饋表。	5'	團體意見回饋表、家庭作業單	
	2. 說明本次的家庭作業，邀請成員於團體外做練習，並記錄結果，以及預告下一次團體的內容。			

我可以的

姓名：　　　　　　　　　　日期：　　月　　日～　　月　　日

擬對付的事件：

擬對付的想法（負向內言）　　　　自我教導的內容（正向內言）

事件發生前　　　　　　　　　　　面對事件前的心理準備
情境：
內言：

事件開始發生時　　　　　　　　　面對及處理事件
情境：
內言：

情緒爆發時　　　　　　　　　　　應付即將超過負荷的感覺
情境：
內言：

事件結束後　　　　　　　　　　　自我增強或自我安慰
情境：
內言：

使用效果評量：（　）很有效（　）有效（　）有時有效，
　　　　　　　有時無效（　）無效
改進之道：

各單元設計表十

單元名稱	**Q & A**		次數	第 10 次	人數	8 人
			時間	45 分	地點	團諮室
單元目標	1. 協助成員面對自身的問題，並擬出具體的解決方案。 2. 協助成員以腦力激盪找出可能的方式，並以角色扮演的方式演練問題解決的步驟，成員從團體中獲得支持的力量（問題解決訓練）。					
準備器材	海報紙、彩色筆、團體意見回饋表、「GO, GO, GO」家庭作業單					

活動名稱	活動流程	時間	器材	目標
1. 開麥拉	領導者邀請成員分享家庭作業，領導者做回應並且連結到本次團體的主題。	5'	上次的家庭作業	
2. 最佳男女主角	1. 領導者引導成員面對自身的問題，思考解決的方式，教導問題解決策略，並以布偶劇示範問題解決訓練的步驟和方法，包括五個步驟： (1)定義問題——我的問題是什麼？ (2)選擇可能的解決方式——我該怎麼做？ (3)決定最好的解決方式——專心想一想，哪種方法最好？ (4)決定行動步驟、付諸行動——做做看吧！ (5)評估行動效果——我做的怎麼樣？ 2. 成員自行找其伙伴，兩人一組，請每一小組針對一個生活中不愉快的情境，利用腦力激盪找出可能的解決方法，並以角色扮演的方式演練問題解決的步驟和技巧。 3. 回到大團體中，各組分享其角色扮演的結果。	35'		1 2

（續）

活動名稱	活動流程	時間	器材	目標
3. 總結	1. 領導者對成員的表現給予正面和肯定的鼓勵，並填寫團體意見回饋表。 2. 說明本次的家庭作業，邀請成員於團體外做練習，並記錄結果，以及預告下一次團體的內容。	5'	團體意見回饋表、家庭作業單	

GO, GO, GO

姓名：　　　　　　　　日期：　　月　　日～　　月　　日

　　各位伙伴，請將問題解決技巧運用於日常生活之中，並記錄下來，和大家一起分享。

1. 定義問題——我的問題是什麼？

2. 選擇可能的解決方式——我該怎麼做？

3. 決定最好的解決方式——專心想一想，哪種方法最好？

4. 決定行動步驟、付諸行動——做做看吧！

5. 評估行動效果——我做的怎麼樣？

各單元設計表十一

單元名稱	**Trust me, I can make it**	次數	第 11 次	人數	8 人
		時間	45 分	地點	團諮室
單元目標	1.協助成員面對自身的問題，持續應用問題解決的策略和行動。 2.協助成員對於策略和具體方法的選擇和決定。				
準備器材	問題解決檢核表、團體意見回饋表、「小試身手」家庭作業單				

活動名稱	活動流程	時間	器材	目標
1.開麥拉	領導者邀請成員分享家庭作業，領導者做回應並且連結到本次團體的主題。	5'	上次的家庭作業	
2.最好的選擇	1.領導者引導成員面對自身的問題，並思考解決的方式，之後發下問題解決檢核表及說明填寫方式。 2.填寫完後，回到大團體中，邀請其他成員利用腦力激盪找出其他可能的方式，並評量所選擇的策略。 3.成員輪流分享和回饋，領導者給予正向的部分增強和肯定，讓成員感受到面對困擾或問題是有方法的。	35'	問題解決檢核表	1 2
3.總結	1.領導者對成員的表現給予正面和肯定的鼓勵，並填寫團體意見回饋表。 2.說明本次的家庭作業，邀請成員於團體外做練習，並記錄結果，以及預告下一次團體的內容。	5'	團體意見回饋表、家庭作業單	

問題解決檢核表

1. 問題的情境：

2. 可解決的問題策略、重要性及可行性評估

策略	重要性	可行性	合計

3. 執行策略（　）的具體方法和選定最佳方法的結果

具體方法	對自己	對他人	最後的抉擇

小試身手

姓名： 日期： 月 日～ 月 日

各位伙伴：

　　請你回想在最近的生活中，令你不愉快的事件，寫出二至三種令你感到困擾的事件，以及運用正向內言、問題解決的步驟和檢核表處理的過程和結果。

日期	困擾的事件	我的正向內言和處理過程及方式	結果

◎在實際生活運用正向內言、問題解決的步驟和
　檢核表時，遇到的困難是……

◎我的解決之道是……

各單元設計表十二

單元名稱	哆啦 A 夢的百寶袋	次數	第 12 次	人數	8 人
		時間	45 分	地點	團諮室

單元目標	1. 關於正負向內言的自我指導訓練、問題解決訓練和檢核表之實施的困難和解決，以及感想的分享和討論。 2. 協助成員形成的個人行動計畫，並從自身及他人尋找解決問題的方法和支持，以收集思廣益之效果。
準備器材	白紙、訂書機、團體意見回饋表、「原來如此」家庭作業單

活動名稱	活動流程	時間	器材	目標
1. 開麥拉	領導者協助成員回顧前次的團體內容，並且摘要和敘述本次團體的目標和內容。	5'		
2. 百寶袋	1. 領導者發給每位成員空白紙張，之後由一成員開始分享其前次「小試身手」的家庭作業所寫的內容，領導者邀請每位成員以腦力激盪的方式，試著對此內容去想出並且寫下自己可能會採取的內言和方法，以及關於正負向內言的自我指導訓練、問題解決訓練和檢核表之實施的困難和解決方式之回饋。而此內容的主角若想到新的解決方式，可以寫在紙上，若沒有則可想一想在接受到他人的回饋之後，有什麼想法和心情。	35'	上次的家庭作業、白紙、訂書機	1 2
	2. 所有成員對此內容的主角分享想要對他說的話，並且請主角表達接收到回饋後的感受，活動完成後，所有成員將寫下對主角的回饋紙張交到主角的手上，並繼續輪下一位成員，以接續其後的步驟。			
	3. 領導者統整成員認為不錯的方法，並分享所有成員其他可能的適當解決的方式，提供因人、事、時、地的不同，而有相異的解決方式。		團體意見回饋表	

（續）

活動名稱	活動流程	時間	器材	目標
3. 總結	成員填寫團體意見回饋表，領導者說明本次的家庭作業及預告下一次團體。	5'	家庭作業單	

原來如此

姓名：　　　　　　　　　　　　日期：　　月　　日～　　月　　日

☆我的想法調整或改變後，對自己生活的變化。

☆我的做法調整或改變後，對自己生活的變化。

☆我還可以做些什麼努力？

各單元設計表十三

單元名稱	行動家	次數	第 13 次	人數	8 人
		時間	45	地點	團諮室
單元目標	1. 協助成員持續形成的個人行動計畫。 2. 整合每位成員的資源，協助其做好準備面對真實世界。				
準備器材	團體意見回饋表、「停看聽」學習單、「一步一腳印」家庭作業單				

活動名稱	活動流程	時間	器材	目標
1. 開麥拉	領導者邀請成員分享家庭作業，領導者做回應並且連結到本次團體的主題。	5'	上次的家庭作業、	
2. 停看聽	1. 領導者引導成員訂定未來的目標，並思考正向的內言和具體的做法，擁有的或可能開發的支持和助力以及可能遇到的阻力，邀請成員填寫「停看聽」表格。 2. 分享表格內容，並請成員彼此回饋和協助如何運用其可用的資源和支持，增加助力並減低阻力，以利目標和期待的達成。	15'	「停看聽」學習單	1 2
3. 一路上有你	1. 領導者延續「停看聽」學習單的分享內容，在大團體中進行角色扮演，演練未來目標的執行，並體驗可能會遇到的困境，以及思考該如何來解決。在扮演的過程中依劇情的發展，領導者適時地喊停，引導其他成員不同的想法和做法的提供和進入，但是由扮演者來決定其演出的內容。 2. 回到大團體中，讓演出的成員和觀察的成員彼此分享和討論，領導者鼓勵成員付諸於實際生活中。	20'		2
4. 總結	1. 領導者對成員的表現給予正面和肯定的鼓勵，並填寫團體意見回饋表。 2. 說明本次的家庭作業，邀請成員於團體外做練習，並記錄結果，以及預告下一次團體的內容。	5'	團體意見回饋表、家庭作業單	

停看聽

目標或期待	助力	阻力	正向內言	具體做法

一步一腳印

姓名：　　　　　　　　　　　日期：　　月　　日～　　月　　日

☆本週的目標：

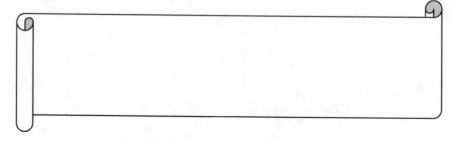

☆執行的情況：

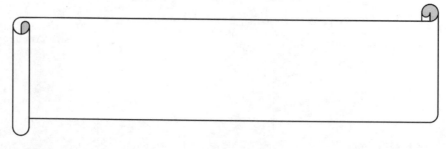

☆因父母再婚而較難適應的部分，現在的情形是……

各單元設計表十四

單元名稱	美麗人生	次數	第 14 次	人數	8 人
		時間	45 分	地點	團諮室

單元目標	1. 統整團體的經驗和體驗自己的改變。 2. 給予成員支持的力量，以增強其能在團體結束後持續面對、處理父母再婚的問題和個人的困擾。 3. 處理成員離別情緒以及互相祝福和回饋。
準備器材	拼圖塊（內附題目）、圖像海報、小卡片、團體意見回饋表

活動名稱	活動流程	時間	器材	目標
1. 時光拼圖	1. 領導者說明團體即將結束，協助成員回顧前次的團體內容，分享家庭作業，並且摘要和敘述本次團體的目標和內容。	3'		
	2. 領導者說明活動的流程：請成員輪流抽出袋子中的一塊拼圖，請將上面的題目大聲念給其他人知道，每位成員去思考，請一至二位成員分享，之後貼此張圖片於相對等位置的另一張圖像海報上。	25'	拼圖塊（內附題目）、圖像海報	1 2
	3. 完成拼圖後，領導者帶領成員一起統整這幾次團體中所經驗到的重點。			
2. 愛的禮物	1. 領導者說明活動方式：每位成員輪流坐上椅子，接受回饋和小卡。其他成員就其在團體中的表現，或是在這段時間的改變，給予發自內心的稱讚和鼓勵，或是你想對他說的話，寫在小卡上，必須是正向的。	15'	小卡片	3
	2. 領導者做提醒：接受回饋的成員，需專心聽其他成員對你的回饋，同時彼此必須注視對方（依序輪完所有成員）。			
	3. 之後，領導者請成員分享對剛才的活動和收到卡片的感受和想法。			

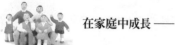

（續）

活動名稱	活動流程	時間	器材	目標
3. 畢業典禮	1. 領導者將每次團體成員努力的個人成果輯，頒發給每位成員。 2. 邀請成員分享與回饋對這十四次參加「美麗人生」小團體的感受、任何建議或更好的點子，並填寫團體回饋表。	2'	團體意見回饋表	

時光拼圖題目

1. 我的家給我的感覺是……

2. 我對父母再婚的態度和感覺是……

3. 我會如何形容我自己？

4. 我會如何形容我的父母和繼父母？

5. 我會如何形容我的手足？

6. 當遇到家裡令我不愉快的情況時，我會如何處理？

7. 當在學校有不愉快時，我會如何處理？

8. 你會主動提及繼親家庭的身分嗎？為什麼？

9. 我覺得繼親家庭對我的影響是……

拼圖圖像

團體意見回饋表

各位伙伴好：

　　這次的團體由於你們的參與，使團體得以順利進行，畫下一個完美的句點，非常感謝大家的付出與合作，相信你們也從中獲得不少友誼與成長；團體就要結束了，希望聽聽你們的想法與感受，下列有幾個題目希望你將在團體過程中收穫寫出來，謝謝！

　　每個題目有 1-5 的選擇，1 代表程度低（非常不符合），5 代表程度高（非常符合），請依照自己的感受在數字上打圈，在問題上寫下自己的感受。

1. 我更瞭解自己的優點和能力　　　　　　　　1　2　3　4　5

2. 我知道如何和生父母相處得更好　　　　　　1　2　3　4　5

3. 我知道如何和繼父母相處得更好　　　　　　1　2　3　4　5

4. 我知道如何和手足相處得更好　　　　　　　1　2　3　4　5

5. 我知道如何和同學相處得更好　　　　　　　1　2　3　4　5

6. 我學會自我教導的方法和步驟　　　　　　　1　2　3　4　5

7. 我學會問題解決的技巧　　　　　　　　　　1　2　3　4　5

8. 我對繼親家庭有不同的想法　　　　　　　　1　2　3　4　5

9. 我在團體中可以很自在　　　　　　　　　　1　2　3　4　5

10. 我可以放心地說出自己的想法　　　　　　　1　2　3　4　5

11. 我喜歡領導者安排的活動　　　　　　　　　1　2　3　4　5

12. 我喜歡領導者帶領我們的方式　　　　　　　1　2　3　4　5

13. 我覺得有些地方要改進：_____

14. 我想對領導者說：

優質新生活（追蹤團體）

單元名稱	優質新生活	次數	追蹤團體	人數	8 人
		時間	45 分	地點	團諮室
單元目標	協助成員檢視團體結束後期間的執行狀況。 （實施兩週後的追蹤團體）				
準備器材	「人生盾牌」學習單				

活動名稱	活動流程	時間	器材	目標
1. 時光隧道	領導者協助成員回顧和檢視團體結束至今生活上有何不同的地方，並且摘要和敘述本次團體的目標和內容。	3'		
2. 人生盾牌	1. 引導成員繪製個人盾牌，並思考和回答下列問題： ⑴我的優點有…… ⑵我對於父母再婚的想法是…… ⑶我和生父母的相處情形是…… ⑷我和繼父母的相處情形是…… ⑸我和手足之間的相處情形是…… ⑹在學校生活中，我感到滿意的事有…… ⑺在家庭生活中，我感到滿意的事有……	15'	「人生盾牌」作業單	1
	2. 成員彼此做分享、回饋和支持。 3. 引導成員思考和分享自己未來的目標和可能的具體做法，讓目標繼續發生。	25'		
3. 總結	領導者對成員的表現給予正面和肯定的鼓勵，並邀請成員實際運用於日常生活之中，讓目標繼續發生。	2'		

人生盾牌

1. 我的優點有……

2. 我對於父母再婚的想法是……

3. 我和生父母的相處情形是……

4. 我和繼父母的相處情形是……

5. 我和手足之間的相處情形是……

6. 在學校生活中，我感到滿意的事有……

7. 在家庭生活中，我感到滿意的事有……

第六章
新移民家庭學生團體諮商方案
設計實例

The story of the new Taiwanese son——
新台灣之子成長團體

◎鄒嘉蓁、黃貞怡、
　許雅絢、羅毓昕／設計
◎謝麗紅／指導

一、**團體名稱**：The story of the new Taiwanese son —— 新台灣之子成長團體。

二、**團體總目標**：

1. 協助外籍配偶子女自我認同與自我肯定。

2. 增進外籍配偶子女在人際中的適應力與表達能力。

3. 使外籍配偶子女瞭解家中的互動狀況，並增進其對母親的認同。

4. 培養外籍配偶子女能以正確的態度在跨文化環境中健康成長。

三、**團體性質**：成長性、同質性、結構性團體。

四、**方案設計者及訓練背景**：本方案設計者為彰化師範大學輔導與諮商學系學生，曾修習過諮商理論與技術、諮商技巧、團體輔導、團體諮商、角色扮演等相關課程，並於角色扮演課程中有實際帶領團體之經驗。

五、**團體對象**：母親為外籍配偶之適應困擾的國中學生。

六、**團體人數**：8 人。

七、**招募方式**：以海報宣傳方式徵求對此議題有興趣之自願者。

八、**時間、次數**：每週 1 次，共計 10 次團體，每次團體時間為 90 分鐘。

九、**進行地點**：團諮室。

十、**理論依據**：

一、成員之發展特徵與需要（基本理論）

㈠文化衝擊對於外籍配偶子女的影響

　　Harker（2001）指出，當移民者面臨文化衝擊時，會產生心理調適上的問題，且移民的第一代會將原生社會文化代代相傳，造成下一代面對原生文化及另一種文化的衝突，如學校文化，因而可能造成不適應及心理衝突。另外，Bronfenbrenner（1986）也指出來自兩個不同文化結合婚姻家庭的孩子，他們可能承受比單一文化婚姻結合家庭的孩子更多的負面壓力，而且在建立自我的認知方面遭受較大的困難，由於社會成員的排斥，造成其適應困難及較低的自尊，其前後矛盾的社會化也會導致心理適應失調（引自張秋慧，2004）。翁毓秀（2004）的研究中亦指出，文化背景的不同，自然在兒童的教養觀念上也會不同，而引起意見不合的衝突，對教養態度的不一致不但容易引起衝突，也可能造成子女的矛盾，對子女是不利的。

　　大部分的外籍配偶家庭可以說是兩個弱勢族群的結合。外籍配偶的兒童發展遲

緩危機包括：經濟、教育文化的弱勢、子女是疾病及遺傳障礙的高風險族群、急遽的角色轉變，母親難擔任兒童發展的協助者角色（夏曉鵑，2000；陳美惠，2002；鐘重發，2003）。外籍配偶家庭可能面臨的問題有以下幾個：

1. 社經地位低落：根據研究發現，迎娶外籍配偶的男性多是本身社經地位低落的台灣男性（夏曉鵑，2000；王宏仁，2001；呂美紅，2001）。這些男性在婚後仍面臨家庭的經濟壓力，賺錢養家仍是先生的第一要務，忙於家務生計的結果致使其對於子女的管教態度較為放任、疏忽（劉秀燕，2003）。

2. 語言文化差異：婚後的外籍配偶處在文化差異、語言不通的情況之下，其本身生活適應困難、語言不通致使其與家庭成員溝通困難，家庭衝突頻繁；外籍配偶在這種狀態下成為人母，伴隨而來教養下一代的壓力更讓外籍配偶媽媽不得喘息，又怎能適切地協助兒童的發展呢？

3. 家庭資源不足，不善利用相關資源：當孩子進入小學，其人際關係由家庭擴展到學校。孩子開始需要學習與同儕相處，並且熟練學業技巧；外籍配偶家庭受限於經濟的壓力以及文化的弱勢，常無法提供這類的資源；對於政府或民間機構提供的相關資源所知有限，更遑論善加利用這些資源。

4. 社會的標籤化：媒體的不當報導及社會對外籍配偶的偏見，使得外界對外籍配偶家庭「標籤化」。這樣的標籤化使得孩子在未進入小學就提前感受到被「標籤化」的心理壓力，致使孩子產生自卑的心理。

從跨文化家庭子女知覺父母的教養方式現況來看，跨文化家庭子女知覺父親傾向較少給子女支持、回應及情感交流，且以權威的方式對他們進行監控與命令。跨文化家庭子女知覺母親傾向常給子女支持，並願意和子女進行情感交流，常和子女溝通，給子女回應，但也會經常控制、命令他們，強制他們遵守規範（張秋慧，2004）。

另外，跨文化家庭子女知覺父母的教養類型，就父親、母親及父母一致的教養類型而言，教養類型都是開明權威者居多，值得注意的是父母不一致者，高達39.4%，表示在跨文化家庭中，子女知覺到父親母親有近五分之二教養方式是不一致的（張秋慧，2004）。

家庭與學校是青少年社會化的兩個最重要的場所，青少年各層面的發展幾乎都受到家庭的影響。家庭中的父母是青少年最重要的影響人物，父母的影響可能終其一生。家庭之所以成為個人社會化最重要的單位，是因為個人長時期生活在家庭之內，家庭成員間的親密互動關係是其他團體所無法取代的。這種親密的互動關係，

就是個人社會化過程中最重要的作用力量。故家庭不僅是人類社會的基本初級團體，更是個人社會化的第一個單位。青少年在智能、性別角色、道德、人格、自我概念與生涯發展上都受到家庭因素的影響。

(二)外籍配偶子女常出現的現象及問題

社經地位低落、文化低落會影響學生的學習（蘇麗美，2002）。外籍配偶家庭在經濟、文化的相對弱勢，使得外籍配偶家庭兒童的文化刺激貧乏，其學習自然面臨較多的困擾。根據劉秀燕（2003）的研究發現，外籍配偶子女在行為表現上，負面行為較多如：打架、遊蕩等。在學業成就上其語言發展較為遲緩，學業成就較為低落。此外，由於社會對外籍配偶負面標籤化的結果，使得外籍配偶的子女會出現貶抑母親的偏差行為（楊艾俐，2003，引自陳金蓮，2005）。

外籍配偶子女因語言腔調的問題遭受到同學訕笑，說話咬字不清楚更影響其與同學的溝通；缺乏文化刺激使得其在學習上倍感吃力；衛生習慣較差影響到他和同學的互動。外籍配偶子女因為外型、語言能力不足，受到同學的排擠或側目所產生的自卑心理及在學業上的落後，都是教師需積極輔導的（許靜芳，2004）。

二、協助之方法與策略（活動設計理論）

(一)角色理論

角色理論是心理劇的重要理論基礎，角色一詞源於戲劇，卻在社會學領域中提供了人與環境相連的詮釋。Moreno 認為每一個人都是天生的角色扮演者（role player），個人所扮演的角色主宰了他的行為，成為他的特徵。然而，生活中任何的角色都不是單獨存在的，它有一定的配對關係──有夫就有妻、有上司就有下屬、有犧牲者就有迫害者（陳珠璋等，1983）。正因為這種配對關係使得角色模式的改變不只是個人問題，也是群體的問題。一個人在成長的過程中，身處其社會原子之間，與一些有意義的重要他人（如父母、朋友）互動交流，經過長久的內化作用與模仿學習的過程之後，這些重要他人的特質與影響都將成為個體人格特質的某一面貌，於是，外在的社會原子就成為個體的內在社會原子。

本方案中使用的基本角色扮演技巧有以下二點（整理自陳均姝，2000；吳秀碧編著，2000；陳珠璋等，1983）：

1. 空椅技巧的運用

    空椅（Empty chair）：導演請主角想像一張空椅坐著一個人、一件事、一件物品或是自己的一部分，讓主角與其（即空椅子）產生互動或溝通，以達到主角內心的期待，或發洩情緒，抑或滿足其心理需求等。

2. 角色扮演

    角色扮演顧名思義即是藉著扮演角色的方式來達到體驗及學習的目的。角色扮演源於角色理論，角色是我們對自我的一種評價及行動，它是情感和行動的系列組型，是一種獨特及習慣性的待人態度。在臨床心理學上，角色扮演最早為 Moreno 於 1959 年用於心理劇，用以協助當事人探討其內在世界，以便產生宣洩和頓悟，達成治療。行為學派的 Wople 則利用角色扮演作為減敏感訓練，此後行為的角色扮演便迅速發展用在社會技巧訓練方面，其方法主要需提供詳細而具體的行為示範，當事人觀摩、仿效、預演（rehearsal），並給予增強，使當事人習得預定的目標行為或技巧。

此外，George Kelly 也以其建構理論心理學（Construct Therapy Psychology）的理念為基礎，發展出所謂「固定角色治療」（Fixed Role Therapy），方法主要是依一組新的建構形成一個人特徵，當事人在治療師指導下先預演該被塑造的角色之後，才開始扮演此角色，使當事人得以觀察自己和環境，主要目的在借此鬆弛當事人的認知建構（引自洪光遠、鄭慧玲譯，1998）。簡單的說，「角色扮演就是在一個假設環境中，相當投入地模擬行動」（Yardley-Matwiejczuk, 1997，引自王沂釗，1998）。所以要想對自己和別人有更清楚的了解，最重要的是要知道自己所扮演的角色及扮演的方式，並儘量去體諒他人的想法和感受。角色扮演就是一種促使我們扮演他人角色，以從中得領悟的一種良好的方法。

角色扮演可適用於下列情境（陳珠璋等，1983；陳均姝，2000；吳秀碧編著，2000；劉安真等譯，2004）：

- ·用來引導成員展開學習：如邀請成員扮演不同職業的工作人員，以引出職業興趣的主題。
- ·用以闡釋一個問題：如以布偶劇方式演出性騷擾的情境引發此議題的討論。
- ·用以發展設身處地的能力：如扮演重要他人（如父母、兄弟姊妹、同學……），從該角色來與自己對話，以協助成員感受他人的想法。
- ·激發溝通，因為有具體的演出，而不會只流於抽象的討論：如扮演家庭成員的互動型態，如指責、討好等來談家庭關係。

‧教導解決問題的要素，在角色扮演中可以具體觀察問題的關鍵，並產生替代性想法：設計一個人際衝突的情境引導成員經由討論後演出。

此外，角色扮演有多項優點（陳珠璋等，1983；陳均姝，2000；吳秀碧編著，2000；劉安真等譯，2004）：

‧對於不能完全使用口語或文字的成員，可以得到較有效的表達和學習。

‧增進人際交流，創造更適合學習的社會環境。

‧對於學術科目學習不佳，但具有創造性及自發性的成員，提供表現和成功的機會。

‧發展多樣化解決問題的思考及行動策略。

‧促進敏察力及觀察力。

‧經由參加演出或觀察演出而獲得學習。

‧促進個人的彈性，減少固執僵化的行為模式。

‧獲得社會技巧的學習。

‧獲得態度上的改變。

‧提供感覺型的成員有效的學習方法。

藉由角色扮演實際的演出與討論，讓成員回到真實問題的情境中，學習適當的解決方法，省思自己的行為模式，進而透過自我觀察與討論中培養出新的行為模式，累積面對生活的能力。

(二)繪本治療

圖畫故事書一詞，有時也譯為繪本。繪本的特質在於它的圖畫具有連結性、傳達及延伸故事的涵義。張子璋（1998）認為，繪本中的插畫對於故事的欣賞與瞭解是不可或缺的。因為它除了能提供角色特徵、故事背景與情境線索外，還適度批露真實的情境與觀念，有助於讀者對整篇故事的瞭解（整理自黃美雯，1998；黃慧珊等，2003）。

圖畫書是圖文一起說故事，只有在文字語言和圖像語言緊密的結合下，圖畫書才能引起共鳴，產生最大的感動力，讓讀者跟著它的情緒起伏飄蕩。圖畫書中圖文並茂，隨著故事情節的發展，除了文字敘述外，圖畫也將文字所述及時空和情境具體形象化，而所呈現的風格也正切合文字的內容，在圖文互相配合下，將主題恰如其分地傳達給讀者。讀者透過圖像具象化的傳達，更能瞭解角色的內心衝突，透過色彩濃艷或黑暗，洞悉主角的內心世界。

參考資料

王宏仁（2001）。社會階層化下的婚姻移民與國內勞動市場：以越南新娘為例。**台灣社會研究**，41，99-127。

王沂釗（1998）。角色應用的理論基礎。載於吳秀碧（主編），**角色扮演在輔導上的應用**（頁 15-19）。台北：教育部。

呂美紅（2001）。**外籍新娘生活適應與婚姻滿意及其相關因素之研究——以台灣地區東南亞新娘為例**。中國文化大學生活應用科學研究所碩士論文，未出版，台北。

洪光遠、鄭慧玲譯（1998）。**人格心理學**。台北：桂冠。

夏曉鵑（2000）。資本國際化下的國際婚姻——以台灣的「外籍新娘」現象為例。**台灣社會研究**，39，45-92。

翁毓秀（2004）。外籍配偶家庭服務。**社區發展季刊**，105，109-115。

張秋慧（2004）。**跨文化家庭子女知覺父母教養方式與其學習適應之研究**。國立彰化師範大學輔導研究所碩士論文，未出版，彰化。

莊靜雯、吳健豪（譯）（2003）。**團體諮商的理論與實務**。台北：學富文化。

許靜芳（2004）。**淺談外籍配偶子女的班級輔導**。2006 年 5 月 27 日，取自：http://mail.nhu.edu.tw/~society/e-j/43/43-19.htm

陳均姝（2000）。角色扮演在輔導與諮商上的應用。**學生輔導**，68，18-35。

陳金蓮（2005）。**四位外籍配偶子女學校適應之個案研究**。國立花蓮師範學院輔導所碩士論文，未出版，花蓮。

陳美惠（2002）。**彰化縣東南亞外籍新娘教養子女經驗之研究**。國立嘉義大學家庭教育研究所碩士論文，未出版，嘉義。

陳珠璋、吳就君（1983）。**由演劇到領悟——心理演劇方法之實際應用**。台北：張老師文化。

黃美雯（1998）。**不同年齡層學生對童話繪本中友誼概念之詮釋研究**。國立彰化師範大學教育研究所碩士論文，未出版，彰化。

黃慧珊、簡淑真（2003）。**兒童對幻想性圖畫書的反應之研究**。論文發表於輔仁大學兒童與家庭學系舉辦之「從歷史角度看兒童與家庭的未來發展暨民生與家政領域」學術研討會，台北。

劉安真、黃慧韓、梁淑娟、顏妃伶（譯）（2004）。**團體諮商——策略與技巧**。台

北：五南。

劉秀燕（2003）。跨文化衝擊下外籍新娘家庭環境及其子女行為表現之研究。國立中正大學犯罪防治研究所碩士論文，未出版，嘉義。

謝采純（2004）。孩子的夢魘與成長以身心障礙和心靈創傷圖畫書為研究對象。國立彰化師範大學國文研究所碩士論文，未出版，彰化。

蘇麗美（2002）。不利學生的認識與輔導策略。人文及社會學科學通訊，3（3），135-142。

鐘重發（2003）。台灣男性擇娶外籍配偶之生活經驗研究。國立嘉義大學家庭教育研究所碩士論文，未出版，嘉義。

團體單元設計大綱

單元	活動名稱	單元目標	活動內容	時間
一	認識你真好	1. 幫助成員之間互相認識，讓成員瞭解團體的目標。 2. 訂定團體規範。	1. 領導者自我介紹 2. 大明星記者會 3. 吹出我們的默契 4. 結語	20' 40' 25' 5'
二	有媽的孩子像個寶	1. 協助成員瞭解與接受自己獨一無二的媽媽。 2. 協助成員覺察媽媽的優點和奉獻。 3. 使成員學習與媽媽有良好的互動。	1. 線上日記 2. 獨一無二的Mom 3. 結語	20' 60' 10'
三	Family Story	1. 教導成員畫家庭圖，引導成員與其他人分享自己的家庭。 2. 引導成員說出在與家人相處上的困難且互相討論。 3. 運用角色扮演協助成員學習營造良好的家庭氣氛。	1. 我的家庭圖 2. 畫說我家 3. 家庭劇場 4. 結語	28' 20' 40' 2'
四	Home, Sweet Home!	1. 協助成員瞭解父母在家中扮演什麼角色。 2. 讓成員思考自己對於父母的相處模式有什麼想法。 3. 使成員瞭解家庭中兩性間正確的價值觀。	1. 爸爸媽媽真偉大 2. 如果有一天 3. 結婚後的我 4. 結語	25' 20' 40' 5'
五	It's me!!	1. 能夠引發成員對自我性別的認識。 2. 協助成員思考自己擁有的性別特質。 3. 協助成員悅納自己的性別，並建立性別平權的概念。	1. 剪剪貼貼──我是總編輯 2. 衣櫃的故事 3. 自己知多少？ 4. 結語	40' 30' 15' 5'
六	我就是不一樣	1. 讓成員瞭解自己的獨特之處。 2. 讓成員檢視自己的身體意像、並能夠欣賞自己。	1. 不一樣就是不一樣 2. 小小梵谷	20' 40'

（續）

單元	活動名稱	單元目標	活動內容	時間
六	我就是不一樣	3. 思考別人眼中的我與「自己認為」別人眼中的我有什麼差異。	3. 別人眼中的我 4. 結語	25' 5'
七	這樣的我——真的很棒	1. 協助成員思考自己擁有的能力、發現自己的潛能。 2. 以互相給對方回饋的活動讓成員發現自己的優點。 3. 建立成員的自信心。	1. 我的百寶袋 2.「我」有很多面 3. 優點轟炸機 4. 我的廣告自己拍 5. 結語	20' 25' 15' 28' 2'
八	我的學校故事	1. 協助成員檢視自己的學校生活或學習狀況與困擾。 2. 鼓勵成員討論因應問題的策略與可以運用的資源。	1. 翻開故事的那頁 2. 我手畫我心 3. 結語	30' 50' 10'
九	說了就知道	1. 教導成員學習使用「我訊息」的溝通模式。 2. 協助成員利用道具與技巧來檢視並勇敢表達自己心中的感受。 3. 藉由角色扮演的方式協助學生思考如何化解衝突。	1. 畫說從前 2. 讓我告訴你 3. 人際開麥拉 4. 結語	40' 10' 35' 5'
十	我們會更好	1. 統整與回顧前面的團體經驗。 2. 協助成員統整團體的收穫，鼓勵落實所學。 3. 讓成員相互回饋，處理分離的情緒，結束團體。	1. Leader's time 2. 彩色的我 3. 雙圓會議 4. 我想對你說 5. Colorful ending	10' 25' 20' 15' 20'

各單元設計表一

單元名稱	認識你真好	次數	第 1 次	人數	8 人
		時間	90 分	地點	團諮室
單元目標	1. 幫助成員之間互相認識，讓成員瞭解團體的目標。 2. 訂定團體規範。				
準備器材	1. 大明星記者會活動單（附件 1.1） 2. 原子筆八支 3. 團體規範泡泡球活動單（附件 1.2） 4. 吸管九支、泡泡膏一條				

活動名稱	活動流程	時間	器材	備註
1. 領導者自我介紹	領導者先做自我介紹，向成員說明團體的目標，團體即將進行的主題，並詢問成員想要從這次的團體中獲得什麼？成員介紹自己的名字。	20'		
2. 大明星記者會	1. 領導者請成員兩兩一組，接著發下大明星記者會的活動單。 【指導語】大家都兩兩分好一組了嗎？現在先請你們其中一人當記者，一人當大明星，訪問大明星活動單上的問題，兩個人要輪流當記者和大明星，好，現在開始！ 2. 請成員互相訪問對方，並記錄在活動單上。 3. 訪問完畢後，由一位成員向團體所有人介紹剛剛跟他同一組的成員的基本資料。	40'	大明星記者會活動單、原子筆	附件 1.1 要注意是不是有人在一開始落單，可主動幫成員找好伙伴。
3. 吹出我們的默契	1. 拿出吹泡泡的玩具，請每位成員都試著吹出泡泡來。 2. 藉著吹泡泡的活動跟成員解釋，泡泡的形狀是由我們自己所吹的力道跟方向而定，團體規範也是一樣，是由我們大家討論後一起來訂定	25'	吸管、泡泡膏、團體規範泡泡球活動單	附件 1.2 規則儘量以大家討論出來的為主，如果大家真

（續）

活動名稱	活動流程	時間	器材	備註
	的，由我們大家討論後一起來訂定的，而不是領導者單獨訂定的。 3. 拿出團體規範泡泡球活動單。 4. 向成員說明團體規範的意義，並一起訂定團體規範。 5. 規範都訂好後，由領導者帶領成員對這些規範宣示：「我×××（這時每個人念他自己的名字），願意遵守： (1)走出這個團體以後不向團體以外的人說出團體中其他成員所說的事情。 (2)當其他成員說話時我會專心聆聽。 (3)我尊重成員發表意見的權利，即使他們的意見跟我不一樣。」…… 			的對團體規則沒有概念，再請領導者開頭示範。
4. 結語	預告下次團體主題，請成員回去思考與媽媽的互動，跟媽媽之間的關係。	5'		

附件 1.1

大明星記者會
information

請問一下你叫作
_____
你希望別人怎麼稱呼你
_____

你的爸爸是
_____ 人
你的媽媽是
_____ 人

你對於參加團體
有什麼期待？
_____

你的優點或特色有
_____

你的興趣是
_____
_____

其他：

附件 1.2

吹出我們的默契

簽名人_____於____年____月____日

各單元設計表二

單元名稱	有媽的孩子像個寶	次數	第 2 次	人數	8 人
		時間	90 分	地點	團諮室
單元目標	1. 協助成員瞭解與接受自己獨一無二的媽媽。 2. 協助成員覺察媽媽的優點和奉獻。 3. 使成員學習與媽媽有良好的互動。				
準備器材	1. MP3、喇叭、歌詞 2. 繪本《我的媽媽真麻煩》、活動單（附件 2.1） 3. 家庭作業（附件 2.2）				

活動名稱	活動流程	時間	器材	備註
1. 線上日記	1. 說明本次團體的主題與目標。 2. 領導者放一首歌且發下歌詞。歌曲為：陳綺貞《媽媽睡了》。 【指導語】這首歌裡有著作者和媽媽的一些情感，我們可以一邊聽，一邊回想自己和媽媽的相處，是不是感覺很熟悉呢？ 3. 領導者發給成員每人三條鞋帶，分別為紅色、黃色、黑色，引導成員回想最近幾個月和媽媽的相處中，想到一件開心、感覺很好的事就在紅線上打一個結，想到很普通沒有特別感覺的事就在黃線上打一個結，想到不開心、衝突的事就在黑線上打一個結。想到幾個就打幾個結。 【指導語】現在每個人會拿到黃色、紅色、黑色的鞋帶各一條，請大家回想自己最近和媽媽的相處，想到快樂、感覺很好的事就在紅線上打一個結，想到普通、沒有特別感覺的事就在黃線上打一個結，想到不開心、衝突的事就在黑線上打一個結。每想到	20'	MP3、喇叭	歌詞請自行尋找。 成員打結時繼續放歌。

（續）

活動名稱	活動流程	時間	器材	備註
	一件事就打一個結，我們有 5 分鐘的時間來完成。 4. 請成員找一位成員兩兩分享他們在線上打的結的事件。 【指導語】現在我想請大家兩人一組，分享你們打結的事件，你們可以自由選擇想要分享的，不想說的部分可以保留。 5. 最後回到團體分享由領導者做結。 【指導語】剛剛大家都分享了自己與媽媽的相處，我們都希望紅線上有許多結，黑線上的結愈少愈好，但在與家人相處的過程中難免會發生不愉悅，現在就讓我們來看一本繪本。			
2. 獨一無二的 Mom	1. 領導者帶領成員閱讀繪本《我的媽媽真麻煩》，請成員圍近在領導者身邊，以看的到繪本為主，由領導者念出繪本。 2. 領導者發下學習單讓成員填寫。 3. 領導者引導成員分享學習單上所寫的內容。 【指導語】現在我們請大家繞圈分享在學習單上寫的內容。 4. 請成員將第七題沿虛線撕下來，領導者收回後打散發給每一位成員，請成員不要拿到自己的，拿到後，請成員在下方的空格內寫出覺得可以怎麼解決這個衝突。寫完後還給這位成員。 5. 領導者帶領成員討論這些解決方式並做結。	60'	學習單	附件 2.1

活動名稱	活動流程	時間	器材	備註
3.結語	1. 領導者做結：今天的團體裡，我們談論了許多和媽媽的相處，每個人都有世界上獨一無二的媽媽，不管她是從哪個地方來，也許你們的媽媽可能和台灣出生的媽媽不太一樣，但是她們都是很愛你們也希望能夠被看重和接納的，經過了今天的團體，希望大家對自己的媽媽有更多的瞭解，也能夠欣然地接受媽媽與別人不一樣的地方。 2. 交代家庭作業。 【指導語】這裡有一個作業要請大家回去做記錄，把你觀察到家裡的相處情形、發生的事，記錄在表格裡，表格不夠的話可以在後面自己畫，下一次要帶來討論。	10'	家庭作業	附件 2.2

附件 2.1

獨一無二的 Mom

一、 我覺得自己的媽媽和別人的媽媽最不一樣的地方是……？

二、 我喜歡媽媽這個不一樣嗎？

三、 我最常和媽媽一起做的一件事是什麼？

四、 當我和媽媽一起做這件事的時候，我的感覺是……？

五、 我最喜歡和媽媽在一起做什麼事？

六、 我最喜歡媽媽的哪一點呢？為什麼？

------------------------------------沿虛線撕下------------------------------------

七、 我和媽媽有過最大的衝突是？

附件 2.2

家庭作業

我的家庭生活紀錄

日期	時間	事件

各單元設計表三

單元名稱	**Family Story**	次數	第 3 次	人數	8 人
		時間	90 分	地點	團諮室
單元目標	1. 教導成員畫家庭圖，引導成員與其他人分享自己的家庭。 2. 引導成員說出在與家人相處上的困難且互相討論。 3. 運用角色扮演協助成員學習營造良好的家庭氣氛。				
準備器材	1. 家庭圖範例（附件 3.1）、學習單（附件 3.2） 2. A4 紙八張、彩色筆、蠟筆				

活動名稱	活動流程	時間	器材	備註
1. 我的家庭圖	1. 領導者說明本次團體的主題與目標。 2. 領導者發給每位成員一張學習單，引導成員畫出家庭圖，並寫出與家庭圖中出現的人物相處關係，及爸爸媽媽的國籍和對自己的教養方式，最後對自己的家庭寫三個形容。 【指導語】現在我要請大家來畫自己家的家庭圖，這裡有一張範例，男性的家庭成員用四方形，女性用圓形，在裡面寫上這位成員與你的關係，像是爸爸、姊姊，只要你覺得是家中的一份子都可以畫上去。畫好之後，在成員的旁邊寫下你和這個家人的相處情形，可能是互相幫忙或是很愛吵架等，長輩的家庭成員旁邊則是寫上你覺得他們對你的教養方式是什麼，是開明還是嚴格或是其他？還有寫上爸爸媽媽的國籍，最後在下面寫三個形容詞來形容你的家庭。 3. 請成員在團體中找兩個人分享自己的家庭圖。 4. 回到團體繞圈發言，領導者引導討論。	28'	家庭圖範例、學習單、彩色筆、蠟筆	附件 3.1、附件 3.2

（續）

活動名稱	活動流程	時間	器材	備註
	【指導語】經過剛剛和別人分享了自己的家庭圖，也聽了別人分享他們的家庭圖。有沒有什麼印象特別深刻或是想要說的話呢？我想請大家分享自己和家人相處上，有沒有覺得特別困難或是想要改變的地方，提出來在我們的團體中作討論。			
2. 畫說我家	1. 請成員拿出上次團體交代的家庭作業。 2. 領導者邀請成員回想且分享在家中常出現場景是什麼？記錄了哪些事件呢？ 3. 領導者發給每位成員一張 A4 紙，成員自由選擇彩色筆或蠟筆，請成員畫出心目中所希望的家庭生活情景。 【指導語】每個人家中的生活場景也許都不太一樣，現在我要請大家畫一張你心目中所希望出現或是你覺得理想的家庭情景。	20'	A4 紙八張、彩色筆、蠟筆	
3. 家庭劇場	1. 引導成員分享自己所畫出的圖，討論如果要讓家庭生活變成心目中的理想狀況，自己可以做什麼努力和改變。 【指導語】現在我要請大家來分享你們畫的圖，有沒有人想要先分享的呢？你可以告訴我們，你們家最常出現的場景，而你自己心目中的理想家庭又是什麼樣子的呢？大家也可以一起討論要怎麼樣才能讓家庭是自己心目中理想的樣子。	40'		

（續）

活動名稱	活動流程	時間	器材	備註
	2. 在成員中選出一位主角，大家進行討論要做什麼讓他能夠改善家庭生活。領導者擔任導演，協助選出輔角並引導演出主角的家庭生活。 【指導語】我們現在要進行一個活動叫家庭劇場，顧名思義就是要演出有關家庭的生活，現在我想邀請一位成員擔任主角，請主角分享他的畫，然後我們一起討論要如何達成他心目中的理想家庭場景，他可以做一些什麼努力和改變，然後做一個演出。 3. 領導者引導成員分享與回饋演出的內容。 【指導語】經過剛剛的演出，我想請大家給一些回饋，要注意的是，我們不用去分析、評斷剛剛的演出，而嘗試說說看主角做了哪些努力和改變，或你自己的體驗與感觸，主角也可以說說看剛剛在演出時的感覺。			
4. 結語	領導者做結：今天的團體裡，我們瞭解了每個不同家庭的生活情景，其實每一個家庭都有著歡樂和衝突的時候，透過戲劇的演出，期許大家可以學習到自己身為家庭中的一份子，我們是可以做一些努力和改變來讓我們的家庭更美好的，希望大家能夠多為自己的家庭盡一份心力並且喜歡自己的家庭。	2'		

附件 3.1

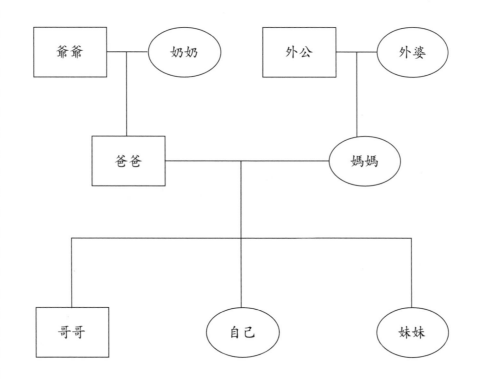

附件 3.2

各單元設計表四

單元名稱	**Home, Sweet Home!**	次數	第4次	人數	8人
		時間	90分	地點	團諮室

單元目標	1. 協助成員瞭解父母在家中扮演什麼角色。 2. 讓成員思考自己對於父母的相處模式有什麼想法。 3. 使成員瞭解家庭中兩性間正確的價值觀。
準備器材	1. 空白小紙卡數張 2. 活動單（附件4.1） 3. 筆數支 4. CD Player 5. 輕音樂

活動名稱	活動流程	時間	器材	備註
1. 爸爸媽媽真偉大	1. 領導者說明本次團體主題與目標。 2. 領導者發給成員每人兩張空白小紙卡，分別寫下父母在家中扮演著什麼角色？ 【指導語】現在老師會發下紙卡，大家可以想想爸媽在家中扮演著什麼角色呢？例如，爸爸可能是一家之主，辛苦的工作賺錢養家；媽媽在家中照顧我們生活的一切……等。 3. 成員寫完後，領導者請成員輪流發言分享。	10' 15'	空白小紙卡數張、筆數支	
2. 如果有一天	1. 領導者請成員想像一個情境：如果有一天早上你醒來，發現爸爸媽媽的角色身分交換了，爸爸在廚房做著早餐，媽媽開著車去上班……請想像他們會如何度過這一天？而你會有什麼感受？對自己有什麼影響嗎？ 2. 領導者請成員兩人一組分享想像的情境和自己的看法。	10' 10'		

（續）

活動名稱	活動流程	時間	器材	備註
3. 結婚後的我	1. 領導者發下活動單，請成員寫一篇一至兩百字的小短文，想像二十年後的自己已經有了一個家庭，在這個家庭中，你如何扮演一個好丈夫或好妻子的角色呢？在家中你希望和另一半會有什麼樣的互動？要怎麼樣才能有平等的地位？	15'	活動單、CD Player、輕音樂	附件 4.1 播放輕音樂。
	2. 領導者邀請成員發表自己的小短文，並引導成員共同討論對於父母在家中的地位有什麼不一樣的看法？對自己產生了什麼影響？	25'		
	3. 領導者做摘要、統整並給予成員回饋。			
4. 結語	領導者統整今天的內容，並做結語：我們的爸爸媽媽平常都扮演著不同的角色，每個人也都有自己的重要性，就算生活文化背景不同，他們還是屬於家中不可或缺的一份子。而現在是兩性平等的社會，其實男生可以煮飯帶小孩，女生也可以修理家電，男生可以有陰柔的一面，女生也可以有陽剛的一面，不一定是男尊女卑或者女尊男卑，只要彼此互相尊重體諒，相信會有個和諧的家庭生活。	5'		

附件 4.1

20 年 後 的 我

我是＿＿＿＿＿，現在的我，＿＿＿歲，有一個家庭。在這個家庭中，我希

望我能夠＿＿＿＿＿＿＿＿＿＿＿＿＿＿＿＿＿＿＿＿＿＿＿＿＿＿＿＿＿＿＿

＿＿＿＿＿＿＿＿＿＿＿＿＿＿＿＿＿＿＿＿＿＿＿＿＿＿＿＿＿＿＿＿＿＿＿＿

＿＿＿＿＿＿＿＿＿＿＿＿＿＿＿＿＿＿＿＿＿＿＿＿＿＿＿＿＿＿＿＿＿＿＿＿

＿＿＿＿＿＿＿＿＿＿＿＿＿＿＿＿＿＿＿＿＿＿＿＿＿＿＿＿＿＿＿＿＿＿＿＿

＿＿＿＿＿＿＿＿＿＿＿＿＿＿＿＿＿＿＿＿＿＿＿＿＿＿＿＿＿＿＿＿＿＿＿＿

＿＿＿＿＿＿＿＿＿＿＿＿＿＿＿＿＿＿＿＿＿＿＿＿＿＿＿＿＿＿＿＿＿＿＿＿

＿＿＿＿＿＿＿＿＿＿＿＿＿＿＿＿＿＿＿＿＿＿＿＿＿＿＿＿＿＿＿＿＿＿＿＿

＿＿＿＿＿＿＿＿＿＿＿＿＿＿＿＿＿＿＿＿＿＿＿＿＿＿＿＿＿＿＿＿＿＿＿＿

＿＿＿＿＿＿＿＿＿＿＿＿＿＿＿＿＿＿＿＿＿＿＿＿＿＿＿＿＿＿＿＿＿＿＿＿

＿＿＿＿＿＿＿＿＿＿＿＿＿＿＿＿＿＿＿＿＿＿＿＿＿＿＿＿＿＿＿＿＿＿＿＿

＿＿＿＿＿＿＿＿＿＿＿＿＿＿＿＿＿＿＿＿＿＿＿＿＿＿＿＿＿＿＿＿＿＿＿＿

＿＿＿＿＿＿＿＿＿＿＿＿＿＿＿＿＿＿＿＿＿＿＿＿＿＿＿＿＿＿＿＿＿＿＿＿

各單元設計表五

單元名稱	It's me!!	次數	第 5 次	人數	8 人
		時間	90 分	地點	團諮室
單元目標	1. 能夠引發成員對自我性別的認識。 2. 協助成員思考自己擁有的性別特質。 3. 協助成員悅納自己的性別，並建立性別平權的概念。				
準備器材	1. 報紙、雜誌、廣告單和圖畫紙　　　4. 空白紙張 2. 彩色筆　　　　　　　　　　　　5. 膠水 3.「衣櫃的故事」活動單（附件 5.1）				

活動名稱	活動流程	時間	器材	備註
1. 剪剪貼貼 　——我是總 　　編輯	1. 拿出準備好的報紙、雜誌、廣告單和圖畫紙。 2. 請成員先在圖畫紙上畫上一個形狀或是身體的輪廓來代表自己。 3. 成員把雜誌、報紙或廣告單上的一些可以代表自己性別的圖片、文字、符號……等等，像是喜歡的娛樂活動、人物、未來想從事的職業、生活格言、嗜好、優點，貼在剛剛畫的形狀或是輪廓裡。 4. 請成員展示他們的貼畫。 5. 領導者可討論剛剛貼上的東西有哪些是你比較在意的、有哪些是比較不在意的、哪些是自己想保留的、哪些是自己想改變的。	40'	報紙、雜誌、廣告單和圖畫紙、彩色筆	
2. 衣櫃的故事	1. 拿出準備好的活動單和空白的紙張。 2. 請成員先將空白的紙張撕成八小塊，然後在這八小塊紙張上寫下一個形容詞來形容自己的性別。 3. 寫完後將你覺得最滿意的那張貼到最上面的櫃子，不滿意的就放在底下。	30'	活動單、空白紙張、膠水	附件 5.1 領導者可提醒成員可以使用剛剛上一個活動所剪貼的形容詞。

（續）

活動名稱	活動流程	時間	器材	備註
	【指導語】現在，請大家在八張小紙上，分別寫下一個形容詞來形容自己的性別，大家可以很放心自在地寫這些形容詞，不必擔心對錯問題。八張都寫完後，將你最滿意的形容詞貼在最上面的櫃子，依序貼下來，最不滿意的貼在最底下的櫃子。 4. 每一個選的形容詞就像是代表一件衣服，他們可以將它穿上或是將它丟掉，領導者請成員去仔細思考他們對每一個的形容詞感覺如何？喜不喜歡它們？想要將它留下來穿或是將它丟掉呢？你們將它們丟棄或是繼續留著的話對你的生活有哪些改變呢？ 5. 領導者引導成員針對性別刻板印象、性別平等概念作分享與討論。			
3. 自己知多少？	1. 領導者邀請成員分享經過這次團體的活動，對自己性別的認識有幾分呢？滿意自己的分數嗎？還有什麼想要更進一步探索的呢？ 【指導語】從一開始我們剪剪貼貼覺得可以代表我們的圖片或文字，到剛剛我們寫下且思考這些可以形容自己的形容詞，現在我請大家分享，你們覺得喜歡或滿意自己的性別有幾分呢？最高分是 10 分，最低分是 1 分，你覺得對滿意自己的性別的人可以給自己高的分數，覺得對自己性別不滿意的可以給自己低的分數，分數的高低並不代表好或壞，不管是幾分，我	15'		領導者在請成員分享時，可以讓成員自由選擇是否將所寫的形容詞公開。

（續）

活動名稱	活動流程	時間	器材	備註
	們都可以討論與分享對我們自己有了什麼認識。			
4. 結語	1. 領導者作結：希望成員經過剛剛對自己的探索活動後，能夠對自己有更深一層的認識，在這過程中你可能對自己有了新的瞭解，也可能對自己還有一些疑惑，我們在接下來的團體中還會繼續做探討。 2. 預告下次團體要帶自己獨照的相片（近照）。	5'		

附件 5.1

衣櫃的故事

各單元設計表六

單元名稱	我就是不一樣	次數	第 6 次	人數	8 人
		時間	90 分	地點	團諮室

單元目標	1. 讓成員瞭解自己的獨特之處。 2. 讓成員檢視自己的身體意像，並能夠欣賞自己。 3. 思考別人眼中的我與「自己認為」別人眼中的我有什麼差異。

準備器材	1. 歌詞單（歌名：不一樣，陶喆／詞曲） 2. MP3 播放器、喇叭 3. 圖畫紙八份 4. 彩色筆三盒 5. 「我是誰」活動單（附件 6.1）

活動名稱	活動流程	時間	器材	備註
1. 不一樣就是不一樣	1. 領導者先將歌詞發給成員。 2. 請成員一邊欣賞音樂，一邊注意歌詞的涵義。 3. 請成員發表他最有感觸或喜歡的一段歌詞，並說一說為什麼。	20'	歌詞單	請自行尋找歌詞，記得要讓每位成員都拿到歌詞後才開始播放音樂。
2. 小小梵谷	1. 請成員拿出準備的相片或好好看看鏡中的自己。詢問成員喜不喜歡鏡中的自己，對相片的自己有什麼感覺？有什麼話想要對他說呢？ 2. 發給成員每人一張圖畫紙，以及準備三盒彩色筆放在成員中間，請他們畫上心目中的自己。 【指導語】大家有聽過梵谷這位畫家嗎？他是一位荷蘭的藝術家，而他最有名的畫作就是自畫像了，現在，我也要請每一位成員都畫一幅自畫像。 這幅自畫像，我想要大家畫全身的自己，你們可以看看自己的手、腳、身上穿的衣服、鏡子中的自己等，來畫畫這一幅自畫像。	40'	圖畫紙、彩色筆	注意每個人畫的時間的掌控，不宜過長也不宜過短。

（續）

活動名稱	活動流程	時間	器材	備註
	3. 領導者請成員分享他們的畫以及引導討論：喜歡畫中自己的哪個部位？為什麼？比較不滿意畫中的哪一部分？為什麼不喜歡？若是可以改變，你想要做哪些改變？ 4. 領導者作小結，表示每個人對自己身體的感覺不只是來自於我們自己，還會受到社會風氣的影響，像是現代人強調瘦即是漂亮，但是在唐代則是強調豐腴才是漂亮。所以其實我們每個人都有自己獨特的面貌，也許現在我們無法對於自己不滿意的部分作改變，但是我們可以從其他部分來充實自己，不只有外表的美麗，更有內在美。			
3. 別人眼中的我	1. 請成員繞圈發言對坐在他左邊的成員發表對他的印象，可以說說第一次見到這位成員的感覺？他有什麼讓你印象深刻的地方？ 2. 拿出「別人眼中的我」活動單。 【指導語】在日常生活中，我們對周遭的人通常會有一些看法或感覺，我們也可以從一些事情中感覺到別人對我們的看法，這張活動單是要請大家寫上你覺得在別人眼中的你是怎麼樣的一個人呢？這個別人可能是你的爸爸、媽媽、老師、同學或是其他人，想想看，自己可能帶給周遭的人什麼樣的印象呢？把你想到的都寫在這張單子上。 3. 成員填寫完後，領導者請成員分享	25'	「別人眼中的我」活動單	附件 6.1 領導者可催化成員回想在別人眼裡的我是到底扮演了哪些角色（例如：學生、子女、哥哥、妹妹……等等）去幫助成員思考這些角

（續）

活動名稱	活動流程	時間	器材	備註
	他們的活動單，並引導討論：你覺得別人對你的看法對你的影響大不大？你對這些看法有什麼感覺？有因為這些別人的看法而改變自己嗎？			色有可能會給別人什麼樣的印象。
4. 結語	1. 領導者引導成員從今天的活動中思考別人眼中的我，也就是社會我對自己的重要性。 2. 預告下週要討論的理想我和現實我。 3. 請成員下次團體帶他們過去榮耀或是他們覺得有意義的東西，以及媽媽的文化中你最喜歡的東西，放到袋子裡帶到團體。像是獎狀、有意義的照片，關於喜歡媽媽的文化方面，領導者可以提示成員文化的面向有很多，例如：食物、音樂、服飾、語言……等等。告訴他們如果可以帶實體來的就儘量帶來，無法帶來的可以用口頭描述。	5'		

附件 **6.1**

「別人眼中的我」活動單

爸爸眼中的我是＿＿＿＿＿＿＿＿＿＿＿＿＿＿＿＿＿
＿＿＿＿＿＿＿＿＿＿＿＿＿＿＿＿＿＿＿＿＿＿＿＿＿
＿＿＿＿＿＿＿＿＿＿＿＿＿＿＿＿＿＿＿＿＿＿＿＿＿

媽媽眼中的我是＿＿＿＿＿＿＿＿＿＿＿＿＿＿＿＿＿
＿＿＿＿＿＿＿＿＿＿＿＿＿＿＿＿＿＿＿＿＿＿＿＿＿
＿＿＿＿＿＿＿＿＿＿＿＿＿＿＿＿＿＿＿＿＿＿＿＿＿
＿＿＿＿＿＿＿＿＿＿＿＿＿＿＿＿＿＿＿＿＿＿＿＿＿

朋友眼中的我是＿＿＿＿＿＿＿＿＿＿＿＿＿＿＿＿＿
＿＿＿＿＿＿＿＿＿＿＿＿＿＿＿＿＿＿＿＿＿＿＿＿＿
＿＿＿＿＿＿＿＿＿＿＿＿＿＿＿＿＿＿＿＿＿＿＿＿＿

＿＿＿＿＿＿眼中的我是＿＿＿＿＿＿＿＿＿＿＿＿＿
＿＿＿＿＿＿＿＿＿＿＿＿＿＿＿＿＿＿＿＿＿＿＿＿＿
＿＿＿＿＿＿＿＿＿＿＿＿＿＿＿＿＿＿＿＿＿＿＿＿＿

＿＿＿＿＿＿眼中的我是＿＿＿＿＿＿＿＿＿＿＿＿＿
＿＿＿＿＿＿＿＿＿＿＿＿＿＿＿＿＿＿＿＿＿＿＿＿＿
＿＿＿＿＿＿＿＿＿＿＿＿＿＿＿＿＿＿＿＿＿＿＿＿＿

各單元設計表七

單元名稱	這樣的我──真的很棒	次數	第 7 次	人數	8 人
		時間	90 分	地點	團諮室
單元目標	1. 協助成員思考自己擁有的能力、發現自己的潛能。 2. 以互相給對方回饋的活動讓成員發現自己的優點。 3. 建立成員的自信心。				
準備器材	1.「『我』有很多面」活動單（附件 7.1） 2.「我的廣告自己拍」活動單（附件 7.2） 3. 彩色筆				

活動名稱	活動流程	時間	器材	備註
1. 我的百寶袋	1. 請成員展示他們帶來的百寶袋，介紹一下裡面的東西。 【指導語】各位成員，你們都帶了你們的百寶袋了嗎？現在請你們一一輪流跟我們介紹一下你們百寶袋裡的寶物吧！ 2. 在介紹屬於自己的榮耀或是有意義的事情時，可以請其他成員給在發表的成員一個愛的鼓勵。 3. 介紹喜歡的文化時，領導者可以引導成員：這個東西是用來做什麼的呢？它吸引你的地方有哪些？	20'		
2.「我」有很多面	1. 我們討論了很多別人眼中的我，那有沒有想過自己到底是什麼樣的「我」呢？ 2. 請成員填寫「我是……」活動單。 3. 寫完後接著寫「假如我是……」的活動單，針對活動單的內容，想想看自己為什麼會寫下這些內容？是不是代表了一些你的價值觀或堅持的信念？對你有什麼影響嗎？ 4. 都填寫完後，比較看看哪裡有相當一致的部分？而哪裡有不一致的部分？	25'	「『我』有很多面」活動單	附件 7.1

（續）

活動名稱	活動流程	時間	器材	備註
3. 優點轟炸機	1. 肯定自己與讚美他人對我們自己與別人都很重要，所以我們現在要來團體中練習。領導者帶領成員來搭乘「優點轟炸機」。 2. 領導者擔任機長，成員們是乘客，成員要搭乘這班轟炸機的條件只有一個——就是要去讚美機上的每位乘客。 3. 接下來，請每位成員都要坐到貴賓席（也就是圓圈中央）來讓大家優點轟炸，每位成員都要輪流坐上貴賓席以及發射優點。 4. 坐上貴賓席之後有什麼感覺？有沒有覺得大家對你發射的優點有些是你沒有想過、從未感受到的呢？ 5. 領導者可跟成員討論被稱讚和稱讚者的感受，覺得哪一個做起來比較容易（接受還是給予）？ 6. 可以跟成員探討「評價性回饋」跟「讚美性回饋」的不同，例如：評價性回饋大都是用「你」開頭，而讚美性回饋則是用「我」開頭，可鼓勵成員多多使用「讚美性的回饋」。	15'		
4. 我的廣告自己拍	【指導語】大家有沒有看過或是聽過哪些廣告是讓你印象深刻的呢？你覺得這些廣告吸引你的地方有哪些？ 1. 經過以上的幾個活動後，領導者請成員為自己寫一則廣告，把自己的經驗、特長、優點、才能、技能等，加以運用在廣告中，也可以加上插圖。	28'	「我的廣告自己拍」活動單	附件 7.2

（續）

活動名稱	活動流程	時間	器材	備註
	2. 寫好廣告後，請成員在團體中讀出或是展示他的自我廣告。			
5. 結語	1. 領導者作結。 【指導語】各位成員，在進行以上這些活動以後，你們對自己是不是有更不一樣的瞭解了呢？是不是有些優點是今天別人告訴你之後你才知道的呢？希望藉由今天的活動讓大家能夠多多瞭解自己，進而能夠對自己更有信心，相信自己是最棒的！ 2. 請成員於團體外練習肯定自己的優點與適時讚美別人。	2'		

附件 7.1：我有很多面

「我是⋯」活動單

1. 我＿＿＿＿＿＿＿＿＿＿＿＿＿＿＿＿＿＿＿＿

2. 我是＿＿＿＿＿＿＿＿＿＿＿＿＿＿＿＿＿＿

3. 我有＿＿＿＿＿＿＿＿＿＿＿＿＿＿＿＿＿＿

4. 我喜歡＿＿＿＿＿＿＿＿＿＿＿＿＿＿＿＿

5. 我要＿＿＿＿＿＿＿＿＿＿＿＿＿＿＿＿＿＿

6. 我曾經＿＿＿＿＿＿＿＿＿＿＿＿＿＿＿＿

7. 我不＿＿＿＿＿＿＿＿＿＿＿＿＿＿＿＿＿＿

8. 我可以＿＿＿＿＿＿＿＿＿＿＿＿＿＿＿＿

9. 我想＿＿＿＿＿＿＿＿＿＿＿＿＿＿＿＿＿＿

10. 我願意＿＿＿＿＿＿＿＿＿＿＿＿＿＿＿＿

「假如我是…」活動單

1. 假如我是一隻動物，我希望是＿＿＿＿＿＿＿＿＿＿＿＿

　　因為＿＿＿＿＿＿＿＿＿＿＿＿＿＿＿＿＿＿＿＿＿＿

2. 假如我是一種食物，我希望是＿＿＿＿＿＿＿＿＿＿＿＿

　　因為＿＿＿＿＿＿＿＿＿＿＿＿＿＿＿＿＿＿＿＿＿＿

3. 假如我是一種交通工具，我希望是＿＿＿＿＿＿＿＿＿＿

　　因為＿＿＿＿＿＿＿＿＿＿＿＿＿＿＿＿＿＿＿＿＿＿

4. 假如我是一種電視節目，我希望是＿＿＿＿＿＿＿＿＿＿

　　因為＿＿＿＿＿＿＿＿＿＿＿＿＿＿＿＿＿＿＿＿＿＿

5. 假如我是一種顏色，我希望是＿＿＿＿＿＿＿＿＿＿＿＿

　　因為＿＿＿＿＿＿＿＿＿＿＿＿＿＿＿＿＿＿＿＿＿＿

附件 7.2

我的廣告自己拍

各單元設計表八

單元名稱	我的學校故事	次數	第 8 次	人數	8 人
		時間	90 分	地點	團諮室
單元目標	1. 協助成員檢視自己的學校生活或學習狀況與困擾。 2. 鼓勵成員討論因應問題的策略與可以運用的資源。				
準備器材	1. CD Player 2. 輕音樂 3. 白紙數張 4. 彩色筆數盒				

活動名稱	活動流程	時間	器材	備註
1. 翻開故事的那頁	1. 領導者以幻遊方式引導成員回想曾經在學校發生過的開心的、不開心的任何事件。 【指導語】請大家找個舒適的位子躺著，閉上你們的眼睛，全身放鬆，沒有任何的束縛，很放鬆。眼前，有一個很長很長的隧道，我們跟著隧道一直往前走，往前走。一路上，沒有任何燈光，遠方有一個小小的白點，我們朝著這個白點往前走，白點愈來愈大，大到變成一道白光，好亮好亮，當我們一直往前走，走到隧道的盡頭時，白光已亮到無法睜開眼，「唰！」的一聲，我們現在正坐在平常上課的教室裡，教室前方是綠綠的黑板，四周都是一排排的桌椅，看看四周，看看自己，老師在教室裡嗎？旁邊有哪些人呢？我自己正在做什麼？我跟同學在說話嗎？哪一個同學？我們在說的是開心的事還是不開心的事？一整天中在學校發生了哪些事？在學習上我有遭遇了什麼困難嗎？ 2. 領導者引導成員回到現實。	30'	CD Player、輕音樂、白紙數張、彩色筆數盒	幻遊開始即播放輕音樂。

（續）

活動名稱	活動流程	時間	器材	備註
2. 我手畫我心	1. 領導者發給每一位成員一張白紙，請成員畫出剛剛在幻遊時印象最深刻的事情。	30'		
	2. 請每一位成員找到一位伙伴，兩兩一組彼此介紹自己的畫，以及剛剛幻遊時的感覺。	20'		
	3. 回到大團體，領導者邀請成員分享自己印象深刻的事情，或是對自己影響最大的事件或困擾。			
	4. 引導成員共同思考因應之道，及可以找誰幫忙或可以運用的資源。			
	【指導語】現在我想邀請一位成員分享一下你所畫的圖，請告訴我們你畫的圖裡發生了什麼事？什麼時候發生的呢？這件事或困擾對你的影響是什麼？你的感覺是什麼？如果可以，你想做什麼改變？也請其他成員一起腦力激盪思考可以解決的方法。			
3. 結語	1. 領導者為今天的團體作總結。	10'		
	【指導語】今天我們帶大家討論到學校的生活與學習上的狀況與困擾，相信你們在剛剛的分享中聊了很多，那在結束之前，我想邀請每一位成員，都說說看自己在今天這次團體中的學習與體驗。			
	2. 領導者邀請每一位成員做分享，分享今天在參與團體的學習與體驗。			
	3. 鼓勵成員運用團體所學的方法因應學校或學習上所遭遇的困擾。			

各單元設計表九

單元名稱	說了就知道	次數	第 9 次	人數	8 人
		時間	90 分	地點	團諮室
單元目標	1. 教導成員學習使用「我訊息」的溝通模式。 2. 協助成員利用道具與技巧來檢視並勇敢表達自己心中的感受。 3. 藉由角色扮演的方式協助成員思考如何化解人際衝突。				
準備器材	1. 我訊息原則（附件 9.1）　2. 學習單九張（附件 9.2） 3. 筆數支　4.椅子一張　5. 布偶一個　6. CD Player　7. 輕音樂 8. 五十六張小卡片				

活動名稱	活動流程	時間	器材	備註
1. 畫說從前	1. 領導者說明本次團體主題與內容。 2. 領導者請成員思考在人際互動上可能遇到的困擾。 【指導語】各位伙伴，我們在與同學、朋友甚至家人相處過程中，都會遇到很多開心或不開心的事情。發生事情的當下你是怎麼表達你的想法呢？其實，清楚表達心中想說的話讓對方瞭解是很重要且需要技巧的，這也是與人溝通的一個重要環節。不適當的表達方式會阻礙溝通，並讓對方不舒服。	5'		
	3. 領導者帶出「我訊息」的原則與使用時機、方法，在發生衝突時，應該如何用我訊息的方式表達自己的看法與別人溝通。	10'		可參考附件 9.1。
	4. 領導者發下學習單請成員填寫，請成員回想最近和同學、朋友或家人發生過哪些不愉快，或他們做了讓你感到傷心或生氣的事？有沒有人曾經幫助過自己，或做了哪些讓你感動的事？當時的感受？當時對他說了什麼？如果能回到那時候，你想對他說什麼？	10'	學習單數張、筆數支、CD player、輕音樂	附件 9.2 播放輕鬆音樂。

（續）

活動名稱	活動流程	時間	器材	備註
	5. 領導者請成員分享自己填寫的內容，並做摘要。	15'		
	6. 在成員分享的過程中，領導者與成員一同探討所陳述之內容與情境，並試著從中找出一到兩位主角。			
	7. 領導者邀請主角一同解決及探討問題，帶著主角到團體面前。			
2. 讓我告訴你	1. 領導者準備一張椅子，上面放一布偶，請此成員把布偶當成事件中的對方，試試看練習用我訊息的方式對著布偶說出自己內心的感受，或把當時沒有表達的謝意告訴對方。 【指導語】想想看，你曾經把這個不滿告訴他嗎？要不要試著把椅子上的布偶當成他，跟他說說看，當時你的感受？你希望他以後用什麼方式跟你相處呢？…… 2. 領導者在旁給予引導及催化。 3. 領導者整理成員的情緒請他回到團體中。 4. 領導者請剛剛的成員分享自己的感受。	10'	椅子一張、布偶一個	
3. 人際開麥拉	1. 領導者請成員分成兩組討論，用角色扮演方式簡單演出一小段人際衝突劇，可依成員自己的經驗，也可自行編造劇情。	5'		
	2. 兩組輪流演出。	10'		
	3. 領導者與大家一起思考討論這兩個小短劇，如果你是情境中的人物，你會如何用我訊息表達自己的看	10'		

（續）

活動名稱	活動流程	時間	器材	備註
	法，化解衝突，請成員分享自己的看法。			
	4. 領導者請成員以剛剛的組別，參考剛剛討論過的方法，請一組出來重新演出要如何解決衝突。	5'		
	5. 領導者請成員分享在演出過程中有什麼感想？第一次和第二次的演出，有什麼不一樣的感受？	5'		
4. 結語	1. 領導者回顧今天的團體內容，並作總結：表達方式的不同會引起不同的感受，「我訊息」的使用是最好的溝通模式，但它是需要練習的。剛剛我們也請了一位伙伴上來嘗試，大家可以試著用這種方法來練習。用適當的方式勇敢表達自己好的感受或不好的感受，就能跟對方愈來愈麻吉。	5'		
	2. 鼓勵成員在團體外練習所學。			
	3. 預告下一次為最後一次團體，發下回饋小卡，請成員寫下對其他成員的回饋與祝福，並於下次團體帶來。			

附件 9.1

「我訊息」語句包含了三個特色：

1. 具體指出一個特定行為。
2. 陳述此一行為對於個人的具體影響。
3. 陳述心中被引發的感受或是自己個人的期望。

例如：「我感覺很難過，因為你從剛才到現在都不說話，這讓我感覺好像你正在生氣，能不能說出你的想法或感受，讓我知道你的想法。」這樣的表達會遠比在盛怒之下冒出了一些傷害人的話來得好，同時更能促進彼此的溝通，使其對話更為有意義。

而我訊息的表達有以下幾種形式：

句型：(1)你的……(2)使我……(3)讓我感到……(4)我希望……
　　　(5)你願不願意……

說明：
　　　(1)描述對方行為
　　　(2)敘述實質的影響
　　　(3)開放自我的感受
　　　(4)負責地表達出自己的期望
　　　(5)保留轉寰的餘地（邀請對方合作）

附件 9.2

讓我告訴你

想一想……

♥過去在學校和同學發生過什麼不愉快的事？

♥當時我的感受是什麼？對他說了什麼話？

♥如果能回到那時候，我想對他說什麼？

♥過去在學校同學做了什麼令你感到愉快或感動的事？

♥當時我的感受是什麼？當時對他說了什麼話？

♥如果能回到那時候，我想對他說什麼？

各單元設計表十

單元名稱	我們會更好	次數	第 10 次	人數	8 人
		時間	90 分	地點	團諮室
單元目標					

單元目標	1. 統整與回顧前面的團體經驗。 2. 協助成員統整團體的收穫，鼓勵落實所學。 3. 讓成員相互回饋，處理分離的情緒，結束團體。
準備器材	1. CD player、CD、前面團體用過的海報與工作單 2. 三包色紙、八支剪刀、八張 A4 紙、兩瓶膠水 3. 八張撲克牌

活動名稱	活動流程	時間	器材	備註
1. Leader's time	1. 領導者說明本次團體的主題與目標。 2. 領導者拿出前 9 次團體所使用過的海報、工作單，並依序呈現加以說明，重點在於說明團體內容所帶給成員的學習及成員的表現。	10'	前 9 次團體所使用過的海報及工作單	
2. 彩色的我	1. 領導者拿出三包色紙、八支剪刀、八張 A4 紙、兩瓶膠水，請成員將 A4 紙對半折。說明大家可以自由的挑選自己所喜歡的色紙三張和拿一支剪刀。 2. 領導者說明成員可自由地剪或撕這些色紙，把它拼貼成一個形狀或任何東西，左半邊的部分是代表尚未參加團體前的自己，右邊的部分是代表經歷過前面 9 次團體後的自己。 【指導語】我們剛剛回顧了之前的 9 次團體大家所進行過的活動和學習到的東西，現在我想請大家自由地選三張色紙、自由地撕剪，在 A4 紙的左半邊，我想要你們拼貼成在還沒參加團體前的自己，是什麼樣的顏色又是	25'	三包色紙、八支剪刀、八張 A4 紙、兩瓶膠水	成員拼貼時領導者放輕音樂。

（續）

活動名稱	活動流程	時間	器材	備註
	什麼樣的一個圖形呢？而右邊請你拼貼成在經歷過 9 次的團體之後，你覺得自己有沒有一些成長和改變，現在的你又是什麼樣的顏色和圖形呢？我們不用貼成很漂亮的圖形，這個圖形是代表你自己，是對自己有意義的，大家可以依照自己的想法來做。 3. 領導者引導成員分享所拼貼出來的圖形所代表的意涵（形狀代表的是什麼、為什麼選擇這些顏色、兩個圖的差異）。 【指導語】大家都完成自己的圖形了嗎？現在我想請大家來分享你們的圖，為什麼你會選擇這些顏色，這個形狀又是代表著你的什麼改變呢？大家可以說任何自己想說的。			
3. 雙圓會議	1. 領導者拿出八張撲克牌，四張紅心、四張方塊，請成員抽取，拿到紅心的成員圍成一圈面向外，拿到方塊的成員在這圈外圍成一圈，面向內圈的成員，每一個成員剛好對到一個成員。 2. 領導者第一次先請成員向面對面的成員說出最欣賞對方哪一個優點，然後請成員順時鐘移兩個位置，面對面回饋對方給自己的幫助，並說一句對對方感謝的話，再請成員順時鐘移三個位置，互相分享最喜歡哪一次團體、為什麼，最後請成員順時鐘移兩個位置，分享團體過程中印象最深刻的事。	20'	八張撲克牌	成員分享時領導者放輕音樂（音量不妨礙成員分享）。

（續）

活動名稱	活動流程	時間	器材	備註
	3. 請成員圍成原本的一個大圈，引導成員分享剛剛進行時的感想。 【指導語】進行完我們的雙圓會議，大家有沒有什麼想說的話，或是對於剛剛在進行中其他人給予你的回饋，有什麼感覺或是還想說的話呢？			
4. 我想對你說	1. 請成員拿出回饋小卡片，贈送給小卡上所寫的成員，並對他口語回饋與祝福。 2. 請成員分享收到回饋小卡後的想法感受。 【指導語】經過了 10 次的團體，我們對彼此都有了更進一步的認識，也感覺更熟悉了，在接近尾聲的時候，我們要交換上週對每個成員所寫的一些鼓勵、加油的話，在你給對方回饋卡時也可以直接對他說幾句話或給對方一個擁抱。收到小卡後請大家回到大團體，分享此刻的心情。	15'	小卡片	成員寫小卡時領導者放輕音樂。
5. Colorful ending	1. 領導者引導成員分享 10 次團體下來自己最大的學習與收穫。 2. 討論如何將團體所學落實到日常生活中。 【指導語】很高興能夠有這個機會來帶領大家，經過了這 10 次的團體，希望有帶給大家不一樣的經驗與學習，也希望大家可以將在團體所成長、所學習到的應用在日常生活中，祝福大家在團體結束後都能過得很好很快樂。	20'		

第七章

候鳥家庭學生團體諮商方案設計實例

等候飛翔的鳥兒——
候鳥家庭子女支持團體

◎黃哲瑄、曹鏸文、
　王振圍、李佳諭／設計
◎謝麗紅／指導

一、**團體名稱**：等候飛翔的鳥兒——候鳥家庭子女支持團體。

二、**團體總目標**：

　　1. 幫助成員深入認識自己與家庭的關係。

　　2. 幫助成員處理與家庭成員關係的議題。

　　3. 幫助成員能更適應人際間的生活。

三、**團體性質**：結構性團體諮商。

四、**團體對象**：國中生，父親旅外（台商）家庭之子女，不限性別。

五、**團體人數**：8 人。

六、**團體地點**：團諮室。

七、**團體時間及次數**：每次 45 分鐘，每週 1 次，共 10 次。

八、**方案設計者訓練背景**：黃哲瑄、曹鏸文、王振圍、李佳諭四人一起編擬此團體諮商方案，現為彰化師範大學輔導與諮商學系三年級學生，正在修習團體諮商課程。曾修習過諮商理論與技術、團體輔導、諮商技巧、發展心理學、人格心理學、生涯發展等相關課程。並於修習角色扮演課程時，帶領過角色扮演團體。

九、**招募方式**：

　　1. 貼出宣傳海報。

　　2. 導師、輔導老師之轉介。

　　3. 製作宣傳單貼於學校、輔導室之布告欄。

　　4. 於學校升旗或朝會時打廣告。

　　5. 妥善利用校園網路資源宣傳。

十、**成員篩選標準**：成員填妥報名表後，由報名成員中晤談選出具有強烈參與動機者。篩選時注意成員問題的同質性，主要是選擇在人際生活的適應上有困難，以及與家庭成員的互動方面有問題急需處理者。

十一、**理論基礎**：

　　蔡文輝（1998）提到一個家庭內至少包括八項重要的角色任務：家務、養家、育兒、教育子女、性角色、親屬、娛樂與慰藉角色等。王瑞琪（1999）也提到候鳥家庭由於「父親」角色的經常缺席，所有的角色承擔都落在女性配偶身上（引自楊華玲，2005）。Lang（1995，鄧文華譯）所寫的《影子配偶》一書指出分偶家庭中的女性，不論其屬於出外遠遊的一方或是留在家中的角色，往往較男性承受了更多的心理壓力。高淑貴等（1988）指出家庭中的親職仍是以母職角色扮演為主，「母親」必須是子女成就及家庭的擔保人，需要能愛人的母親才稱得上是「母親」（劉

惠琴，2000）。研究指出，家庭結構的不完整並非是造成青少年子女行為偏差的主要原因，問題的主要關鍵在於其父母的不當管教（吳齊殷，2000）。而母親的不當教養對親子間支持有負面影響，從而對親子關係有不良影響。母親的不當教養也會加深親子間衝突，然後影響親子關係及子女行為表現（周玉慧、吳齊殷，2001）。許多男性似乎不知道如何照顧小孩，對家務毫無所悉，而且孩子形同「假性單親」兒童，這些是遠距婚姻中經常碰到的難題。負擔教養責任的母親，必須花更多精神與力氣在孩子身上，以免造成孩子成長的遺憾，這也是許多遠距婚姻中，女性配偶承受最大的壓力（林芝安，2005）。

台商長期不在家，最大的問題就是易使孩子缺少安全感，或出現叛逆等極端行為，或挫折感嚴重，甚至影響到其將來走上社會時的抗壓性。一些台商就發現，孩子在學校根本不聽老師的話，熱衷於模仿一些暴力電影。父親的缺席還使正處於成長期的少年兒童缺乏性別認同對象，女孩易產生戀父情結，男孩易出現女性化趨勢。小學一至三年級，正是兒童把父親當楷模學習的時期，父親在這一時期的長期缺席，將對孩子行為的形成產生較大影響。對於正處於成熟期的少年來說，由於父親的缺席，當其遇到人際交往等社會問題時，無從獲得幫助，不能正確處理。有的少年見父親只往家裡寄錢，以為錢可以解決一切問題，產生拜金主義。

青少年期是生理和心理快速變化的階段，也是個體從依賴的兒童轉變為成熟獨立的成年之過渡期。青少年與父母、家庭之間的關係和連結，也在這個階段會有不一樣的變化。迷思之一是：父母和青少年彼此不喜歡對方，也無法和睦相處。事實上，大多數青少年對父母都有正面感受，對重大論題有類似的價值觀，而且會尋求父母的贊同（黃慧真譯，1998）。因此，雖然青少年期是個體逐漸脫離父母並追求自主的階段，但是父母對青少年的影響依然甚大。如果青少年過早與家庭或其他重要成人分開、或情緒上的獨立，可能會為青少年帶來一些困擾，例如疏遠、易受不良同伴影響，以及吸毒、不成熟性行為等不健康的行為。

父母的生活情境，例如就業、工作等皆會影響青少年。近年來因為大陸開放經濟發展的政策，許多台灣人離鄉背井到大陸去工作經商，通常是家庭成員中的父親離家到外，孩子只有母親的陪伴與照顧，遠在大陸的父親雖然提供了經濟上的支持，但是父親參與孩子成長過程的時間相對減少許多。這樣的家庭變遷對孩子的適應與發展，會造成很大的影響。有鑑於現今台商愈來愈多，台灣有許多台商的子女，因此，希望藉由此候鳥家庭子女的支持團體，由領導者與參與的青少年一起探討他們身為台商子女適應和發展上的議題。

本團體方案的設計，包含許多台商子女可能需要被關切的議題：在團體初始期，先探討成員對自我概念、自我意像的覺知；轉換階段，幫助成員檢視自己是如何安排生活與時間，並作人際互動的探討；工作階段，透過活動增進與父親的連結，並清楚自我的家庭概念，探討自己對家庭的期望，及家庭對成員的意義。期待透過活動增加成員對家的認同，拉近因父親遠離的疏離感，給予父母肯定的力量；團體進入尾聲，領導者帶領成員回顧團體經驗，一起整理這段時間中自己的想法與收穫。

參考文獻

王君琳（2002）。**流動的家：大陸台商女性配偶的家生活與認同**。國立台灣大學建築與城鄉研究所碩士論文，未出版，台北。

王瑞琪（1999）。**我的老公是臺商**。台北：台力文化。

吳齊殷（2000）。家庭結構、教養實施與青少年的行為問題。**台灣社會學研究**，4，頁 51-95。

周玉慧、吳齊殷（2001）。教養方式、親子互動與青少年行為：親子知覺的相對重要性。**人文及社會科學集刊**，4（13），頁 439-476。

林芝安（2005）。距離拉大婚姻的裂縫。**康健雜誌，32**。2005 年 12 月 30 日，取自：http://www.commonhealth.com.tw/New-heart/love/distance1.htm

高淑貴、伊慶春、賴爾柔（1988）。**已婚職業婦女子女照顧問題之研究**。行政院研究發展考核委員會。

黃慧真（譯）（1998）。**發展心理學**。台北：桂冠。

楊華玲（2005）。**另類單親媽媽：家有小學生之台商在台配偶親職壓力與調適心路歷程**。國立嘉義大學家庭教育研究所碩士論文，未出版，嘉義。

劉惠琴（2000）。母女關係的社會建構。**應用心理研究**，6，97-130。

蔡文輝（1998）。**家庭社會學**。台北：五南。

鄧文華（譯）（1995）。**影子配偶**。台北：生命潛能。

團體單元設計大綱

單元	活動名稱	單元目標	活動內容	時間
一	啟航之旅	1. 協助成員了解團體的意義以及未來進行的主題、方式。 2. 協助成員相互了解以建立關係。 3. 讓成員訂定團體規範以形成團體默契。	1. 團體介紹 2. 小小記者 3. 默契拍檔 4. 綜合分享	5' 25' 10' 5'
二	零距離	1. 讓團體成員有更多的接觸與認識。 2. 藉由團體的分享與討論，讓成員檢視自己的家庭成員及家人間的互動關係。	1. 嗨！今天好嗎？ 2. 圖片話家庭 3. 綜合分享	8' 27' 10'
三	生活全紀錄	1. 幫助成員生活時間分配。 2. 幫助成員說出生活中常出現的人際互動。	1. 我的每一天 2. 生活全紀錄 3. 綜合分享	10' 18' 17'
四	角色大考驗	使成員從自己在生活中會扮演的幾個角色中，檢視自己的人際互動模式。	1. 角色大風吹 2. 抉擇大考驗 3. 綜合分享	10' 30' 5'
五	家之美	1. 幫助成員瞭解在家中的位置與角色。 2. 增進成員對家庭的認同。 3. 協助成員表達對家人的情感	1. 別人的家 2. 有家真好 3. 送卡到我家 4. 綜合分享	10' 15' 12' 8'
六	讓我們靠近一點	1. 讓成員檢視與不同家人的關係品質如何。 2. 討論如何增進家人的互動關係。	1. 真情指數 2. 讓我們靠近一點 3. 綜合分享	20' 15' 10'
七	好好照顧我自己	1. 引導成員覺察爸爸不在家對生活的影響。 2. 達到自我照顧和相互支持的功效。	1. 輕鬆 fun 音樂 2. 好好照顧我自己 3. 綜合分享	7' 33' 5'
八	我的家	1. 幫助成員表達對家與家人的感覺。 2. 幫助成員瞭解自己對家及家人的期望。 3. 協助成員瞭解家庭對自己的意義。	1. 希望 2. 我三年後的家 3. 綜合分享	10' 18' 17'

（續）

單元	活動名稱	單元目標	活動內容	時間
九	我的故事	1. 引導成員思考自己最想改變或最困擾的一件事。 2. 腦力激盪討論解決之道。	1. 我的心情故事 2. 說我 3. 綜合分享	20' 20' 5'
十	話說你我他	與成員一起回顧每一次團體的收穫，成員可藉此統整自己參與團體的成長與省思。	1. 引導 2. 我有話要說 3. 小卡滿天飛 4. 說 byebye	5' 20' 8' 12'

各單元設計表一

單元名稱	啟航之旅		次數	第 1 次	人數	8 人
			時間	45 分	地點	團諮室
單元目標	1. 協助成員瞭解團體的意義以及未來進行的主題、方式。 2. 協助成員相互瞭解以建立關係。 3. 讓成員訂定團體規範以形成團體默契。					
準備器材	訪問單、空白海報、筆、彩色筆					
活動名稱	活動流程		時間	器材		目標
1. 團體介紹	領導者自我介紹，並說明團體的意義、目的，以及未來即將進行的團體主題內容。		5'			1
2. 小小記者	1. 發下訪問單（附件 1.1）。 2. 成員兩人為一組，依據訪問單的內容，互相訪問對方。 3. 回到團體，讓成員介紹剛才訪問對象的資料及內容。		10' 15'	訪問單、筆		2
3. 默契拍檔	1. 讓成員共同訂定團體的規範。領導者引導成員思考，什麼是團體成員共同關切並且要約定與遵守的規範，並逐項寫在空白海報上，以作為團體的契約。 2. 讓成員知道規範的意義及重要性，並邀請每位成員確實遵守。		10'	空白海報、彩色筆		3
4. 綜合分享	讓成員分享今天活動的心得與感想，領導者也要為今天的活動作統整與總結。		5'			

附件 1.1：訪問單

Super Star

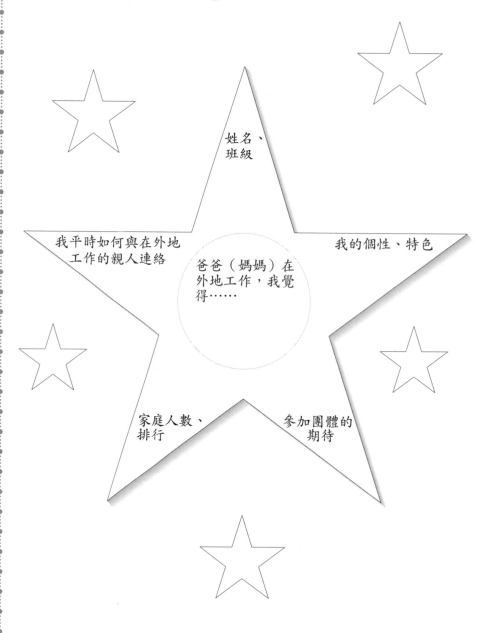

姓名、班級

我平時如何與在外地工作的親人連絡

爸爸（媽媽）在外地工作，我覺得……

我的個性、特色

家庭人數、排行

參加團體的期待

各單元設計表二

單元名稱	零距離	次數	第 2 次	人數	8 人
		時間	45 分	地點	團諮室

單元目標	1. 讓團體成員有更多的接觸與認識。 2. 藉由團體的分享與討論，讓成員檢視自己的家庭成員及家人間的互動關係。

準備器材	CD、CD player、動物圖片或照片、家庭作業單（附件 2.1）

活動名稱	活動流程	時間	器材	目標
1. 嗨！今天好嗎？	1. 讓成員隨著音樂，在空間中走動，並跟隨領導者的指導語，與碰面的人打招呼。 2. 流程：走動但眼睛不與人接觸、眼睛與碰面的人相會、微笑示意、大拇指接觸、手臂接觸、膝蓋接觸。 3. 分享活動心得，並藉此將上升的情緒緩和下來。	5' 3'	CD、CD Player	1
2. 圖片話家庭	1. 領導者準備許多不同動物的圖片或照片（可取材於平日蒐集的報章雜誌、明信片、小圖卡等）。 2. 讓成員自由挑選可以代表自己每一位家人的動物圖片，家庭成員有幾位就挑選幾張。 3. 每個人輪流分享自己為何挑這些圖片代表家人，藉此說出家中的成員、家人的特徵等，並提供其他成員回饋及發問的時間。此活動目的要增進成員對彼此家庭關係與互動的瞭解。	 2' 25'	各種不同動物的圖片或照片	2
3. 綜合分享	1. 讓成員分享今天活動的心得與感想，領導者也要為今天的活動作統整與總結。 2. 交代家庭作業，並請成員完成後下次團體帶來（附件 2.1）。	10'	家庭作業單（附件 2.1）	

附件 2.1

我每天都怎麼過的

請在未來的一週內，找三天記下自己每天不同時間，平常生活裡的一些事情，並記在哪裡發生的，最常和什麼人一起做？

第一天　年　月　日

時間	事情	地點	出現的人
上學前			
學校上午			
學校下午			
放學後			
在家中			

第二天　年　月　日

時間	事情	地點	出現的人
上學前			
學校上午			
學校下午			
放學後			
在家中			

第三天　年　月　日

時間	事情	地點	出現的人
上學前			
學校上午			
學校下午			
放學後			
在家中			

各單元設計表三

單元名稱	生活全紀錄	次數	第 3 次	人數	8 人
		時間	45 分	地點	團諮室
單元目標	1. 幫助成員生活時間分配。 2. 幫助成員說出生活中常出現的人際互動。				
準備器材	圖畫紙八份、舊雜誌十餘本、剪刀與膠水八份、收音機、音樂、 彩色筆、蠟筆				

活動名稱	活動流程	時間	器材	目標
1. 我的每一天	1. 領導者說明本次團體的主題與目標。 2. 請成員們帶著自己的家庭作業圍成一個圈。 3. 請成員們依序說明這週家庭作業進行的狀況及內容。 4. 領導者引導大家思考，自己在一週內，生活大多和誰在一起，做些什麼事，花多少時間。	10'	音樂、收音機	1
2. 生活全紀錄	1. 領導者說明每個人生活的重心與時間的規劃都不大相同，為了讓彼此更瞭解生活中對自己重要的人事物，要請大家等一下從雜誌中剪下任何能代表生活中人事物的圖或文字，黏貼在圖畫紙上。如果生活愈多部分在每個人或每些事情上，占的圖畫紙版面就愈大；如果占生活愈少部分，在圖畫紙中的版面就愈小。 2. 領導者發給每位成員一張圖畫紙、一盒彩色筆或蠟筆、一支剪刀及膠水。將舊雜誌散放在圓圈的中央。 3. 請成員們整理自己在一週內、時間的分配，及在這些時間內相處的人事物，從雜誌內剪下自己覺得相符或相似的部分，貼在圖畫紙上。	15'	音樂、收音機 圖畫紙、彩色筆、蠟筆、剪刀、膠水、舊雜誌	2

（續）

活動名稱	活動流程	時間	器材	目標
	4. 請大家完成黏貼後，看有沒有要補充要畫上的東西、線條、文字。	3'		
3. 綜合分享	1. 待所有成員都差不多結束了，邀請成員一一自由分享創作的過程以及感受，並說明圖畫紙中所黏貼的內容。 2. 請成員們分享聽到彼此生活紀錄後，對於現在自己的生活及重要的人事物，有什麼新的感受，並說出今天的收穫。 3. 預告下次團體。	17'		

各單元設計表四

單元名稱	角色大考驗	次數	第4次	人數	8人
		時間	45分	地點	團諮室

單元目標	使成員從自己在生活中會扮演的幾個角色中，檢視自己的人際互動模式。

準備器材	寫好指令的小卡十張、空白小卡四十張、筆八支、訂書機一支

活動名稱	活動流程	時間	器材	目標
1. 角色大風吹	1. 領導者說明本次團體的主題和目標。 2. 領導者說明「角色大風吹」的遊戲規則：領導者先請成員圍成圓圈坐好，說明一般大風吹的遊戲規則。接著拿出準備好的指令小卡，小卡上寫有成員在生活中可能扮演的角色名稱，或者是相關的形容詞，如：班級幹部、排行老大、與祖父母同住……等等。請當鬼的成員隨機抽出小卡來對其餘成員下指令。	2'	指令小卡十張	
	3. 開始進行活動，視成員參與程度，可重複進行八到十次活動。	8'		
2. 抉擇大考驗	1. 領導者發給成員每人五張小卡和一支原子筆，請成員在每張小卡的中間寫下自己在日常生活中扮演過的不同角色，如：學生、兒子、某人的好朋友……等等，並且在小卡的下方寫上自己的名字。	3'	小卡四十張、原子筆八支、訂書機一支	1
	2. 成員寫好之後，領導者請成員將這五種角色，依照自己認定的重要程度依序排出。最後只留下排序為最重要的小卡，其餘的則丟至團體中間空地。	5'		
	3. 領導者邀請成員說說看自己留下寫有哪個角色的小卡、扮演這個角色的感覺，以及留下這張小卡的原因。接著引導成員談論剛才在排序角色，以及	10'		

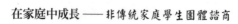

（續）

活動名稱	活動流程	時間	器材	目標
	拋棄角色卡時的感想，怎麼抉擇該留下或該拋棄哪張小卡。			
	4. 請成員到團體中間找回自己剛才丟棄的小卡。	2'		
	5. 領導者請成員在每張不同角色小卡的背面，為自己寫下一件覺得自己做得不錯的事情，如：在「兒子」小卡的背面，可能寫上「我很常關心家人的健康」。	5'		
	6. 領導者請成員將這五張小卡訂在一起，並且帶回去妥善保管。	5'		
3. 綜合分享	1. 請成員簡短分享今天在團體中的收穫，還有給予彼此的回饋。 2. 預告下次團體內容。	5'		

各單元設計表五

單元名稱	家之美	次數	第 5 次	人數	8 人
		時間	45 分	地點	團諮室

單元目標	1. 幫助成員瞭解在家中的位置與角色。 2. 增進成員對原生家庭的認同。 3. 協助成員表達對家人的情感。
準備器材	1. 附件 5.1 2. 事先用卡紙做的 15cm×24cm 對摺空白卡片二十四張，及二十四個信封袋 3. 彩色筆、蠟筆、原子筆 4. 收音機、音樂

活動名稱	活動流程	時間	器材	目標
1. 別人的家	1. 領導者說明本次團體的主題與目標。 2. 領導者請成員們帶著自己的家庭作業圍成一個圈。 3. 領導者引導成員本週與其他同學聊到關於家庭的內容與話題，有什麼樣的感受。	10'	音樂、收音機	
2. 有家真好	1. 領導者發給成員附件 5.1 與一支原子筆。 2. 請成員們分別在附件上寫下「家中最重要的人」、「家中最棒的事」、「覺得自己在所有家庭成員中，最棒的地方」、「對最思念的家人想說的話」。並提醒等一下會邀請每位成員分享自己所寫的內容。 3. 請成員們用 3 分鐘兩兩分享在活動中所撰寫的內容。邀請兩位同學在大團體中跟大家分享附件裡的內容。	8' 7'	附件 5.1、音樂、收音機	1、2
3. 送卡到我家	1. 發給每位成員三張卡紙卡片，一盒蠟筆或彩色筆。 2. 請成員分別將這三張卡片，寫給父母	12'	空白卡片、蠟筆、彩色筆	3

（續）

活動名稱	活動流程	時間	器材	目標
	與自己，告訴他們在這個家中，你的感謝與想對他們說的話。可自己畫上插圖與裝飾。 3. 請成員將卡片放入信封袋，回去後，將給父母的卡片交給父親或母親，並將給自己的卡片好好珍藏。			
4. 綜合分享	1. 請成員分享今天在團體中的收穫，與給予彼此的回饋。 2. 預告下次團體。	8'		

家之美

我覺得家中最重要的人是誰　？

　　　覺得他／她最重要的理由是？

我最思念的家人是誰？

　　　　　我最想對他／她說的話？

我覺得在家中最棒的事？為什麼？

我覺得「自己」在所有家庭成員中，最棒的地方？
為什麼？

各單元設計表六

單元名稱	讓我們靠近一點	次數	第6次	人數	8人
		時間	45分	地點	團諮室
單元目標	1. 讓成員檢視與不同家人的關係品質如何。 2. 討論如何增進家人的互動關係。				
準備器材	A4紙十張、原子筆八支				

活動名稱	活動流程	時間	器材	目標
1. 真情指數	1. 領導者說明本次團體的主題與目標。	5'		
	2. 領導者發給每位成員一人一張白紙和一支原子筆，請成員在白紙上畫下一段數線，左端點是1，代表非常不滿意；右端點是10，代表非常滿意。	5'	白紙八張、原子筆八支	1
	3. 待成員畫好之後，領導者請成員在數線上標出自己與家人的關係分數。如：與媽媽的關係極好，就在9分的地方標出「我和媽媽」；和哥哥的感情不好也不壞，就在5分的地方標示「我和哥哥」。	10'		
2. 讓我們靠近一點	領導者帶領成員分享，自己和家人的關係狀況如何，還有為何會將這段關係打上這個分數。關係良好的話，可以請成員說說看怎麼辦到的；若是關係不盡理想，則可以一起討論，要怎麼做才能提高這段關係的滿意度。	15'		
3. 綜合分享	1. 領導者帶領成員分享今天在團體中的收穫、活動進行過程中的感受，與給予彼此的回饋。 2. 預告下次團體活動。	10'		

各單元設計表七

單元名稱	好好照顧我自己	次數	第7次	人數	8人
		時間	45分	地點	團諮室

單元目標	1. 引導成員覺察爸爸不在家對生活的影響。 2. 達到自我照顧和相互支持的功效。

準備器材	輕音樂 CD 一張、CD player 一台、柔軟填充玩偶八個

活動名稱	活動流程	時間	器材	目標
1. 輕鬆 fun 音樂	1. 領導者說明本次團體的主題與目標。	2'	輕音樂 CD一張、CD player 一台	
	2. 領導者播放輕音樂，請成員找個舒適的姿勢與位置躺下，在音樂聲中整理紛亂的思緒，讓疲倦的成員獲得短暫的休息。	5'		
	3. 領導者請成員思考爸爸長期不在家，對家庭生活的影響。			1
	4. 請成員分享，並討論因應之道。			
2. 好好照顧我自己	1. 領導者拿出玩偶，讓成員隨機挑選自己喜歡的玩偶。接著催化成員去想像，手中的玩偶就是自己的分身。 【指導語】請大家到前面來挑選自己喜歡的玩偶。都拿到了嗎？接著，請你們用自己的名字，為手上的玩偶命名，讓它變成你自己的分身。現在我們要進行的活動就是「好好照顧我自己」，在接下來的過程中，我會帶領大家在放鬆的狀態下，體會照顧自己的感受。	5'	填充玩偶八個（注意：此時可播放輕音樂，但要注意音量不可過大。）	2
	2. 請成員在團諮室中選擇自己喜歡的地點，和手上的玩偶獨處。告訴成員可以小聲地和玩偶說說話、撫摸它、擁抱它。 【指導語】大家都已經找好自己喜歡的位置了嗎？現在，請大家閉上眼睛，一邊抱著自己的分身，一邊聽我說……現在的你，已經是個國中生了。不過生活	10'		

（續）

活動名稱	活動流程	時間	器材	目標
	中，難免有些時候需要爸爸或者媽媽來照顧自己……，可是，當身邊沒有人照顧自己的時候，要怎麼辦呢……可能你會有些寂寞，可能會有些不知所措……這個時候，能照顧你的人、能扮演你父母角色的人，只有自己了。現在，請你好好抱抱手上的這個玩偶，在心中輕輕呼喚他的名字。想像這個玩偶就是你，而你自己，是這個玩偶的照顧者，是他的守護天使。你可以輕輕地撫摸他，好好地抱抱他，或者小聲地跟他說說話。一邊想想看，當沒有人在你身邊的時候，你是怎麼樣照顧自己的……			
	3. 請成員回到團體中，分享剛才照顧玩偶的經驗與感受，也說說看平常自己是怎麼照顧自己的。	10'		
	4. 在聽完成員的分享之後，請成員給彼此回饋。	8'		
3. 綜合分享	1. 請成員用一句話來表達今天在團體中的收穫與感受。 2. 預告下次團體活動。	5'		

各單元設計表八

單元名稱	我的家	次數	第 8 次	人數	8 人
		時間	45 分	地點	團諮室

單元目標	1. 幫助成員表達對家與家人的感覺。 2. 幫助成員瞭解自己對家及家人的期望。 3. 協助成員瞭解家庭對自己的意義。

準備器材	1. 附件 8.1 2. 彩色鉛筆、蠟筆、原子筆 3. 收音機、音樂、CD「希望」

活動名稱	活動流程	時間	器材	目標
1. 希望	1. 領導者說明本次團體的主題與目標。 2. 請成員們圍坐成一個圈。 3. 領導者播放李宗盛的歌「希望」，並發下附件 8.1。邀請成員共同聆聽體會歌詞意境。 4. 領導者說明歌詞中的父親對子女的情感與愛，請成員們分享欣賞完後的感觸。	10'	音樂收音機	
2. 我三年後的家	1. 領導者發給每位成員一張圖畫紙，一盒鉛彩色筆或蠟筆、一支原子筆。 2. 請成員們想像一下，自己三年後的家會是什麼樣子，畫在 8.1 活動單中。	7'	圖畫紙、彩色鉛筆、蠟筆、原子筆、音樂、收音機、附件 8.1	
	3. 請成員們想一下，自己覺得在家中最重要的三個元素是什麼，畫在 8.1 活動單家的屋頂裡。	2'		
	4. 請成員們想像一下，自己三年後的這個家會給人帶來什麼樣的感覺，可以是顏色，可以是圖案，畫在 8.1 活動單中。	4'		
	5. 請成員們完成後，用文字敘述的方式，說明一下這是什麼樣的家，記錄在活動單中。	5'		

（續）

活動名稱	活動流程	時間	器材	目標
3. 綜合分享	1. 待所有成員都差不多結束了，邀請成員兩兩分享三年後這個家重要的元素、家的樣貌及對這個家的感覺。	6'		
	2. 請所有成員寫下，覺得這個家，和現在所居住這個家的關係是什麼，有哪些相同及不相同的地方，自己有什麼收穫和感想。邀請先完成的成員分享自己的收穫與感想。儘量使每個成員都有發言參與的機會。	8'		
	3. 預告下次團體，請成員在本週記綠三則同學們聊到家人時，都聊些什麼內容。	3'		

附件 8.1

我三年後的家

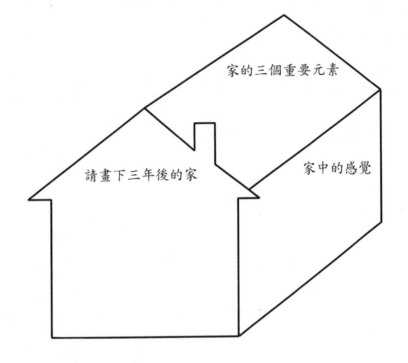

家的三個重要元素

請畫下三年後的家

家中的感覺

關於我三年後的家……

_____

_____

_____

我覺得這個家，和現在所居住這個家的關係是什麼？有哪些相同及不相
同的地方？

_____

_____

_____

各單元設計表九

單元名稱	我的故事	次數	第 9 次	人數	8 人
		時間	45 分	地點	團諮室
單元目標	1. 引導成員思考自己最想改變或最困擾的一件事。 2. 腦力激盪討論解決之道。				
準備器材	CD player 一台、輕音樂 CD 一張、小卡一盒				

活動名稱	活動流程	時間	器材	目標
1. 我的心情故事	1. 領導者回顧上一次團體的內容，並簡要說明此次團體的目的。	5'		1
	2. 領導者請成員思考自己最想改變的或最困擾的一件事。	15'	CD player、CD	
	3. 請成員分享想改變的理由，或該困擾對自己造成的影響。			
2. 說我	1. 針對成員最想改變或最困擾的一件事，邀請成員腦力激盪，討論可能的因應之道。	20'		2
	2. 指定家庭作業，鼓勵成員團體外練習所學，下次團體討論執行狀況。			
3. 綜合分享	1. 結束團體之前，邀請成員分享此次團體當中的感受與所學。	5'	小卡	
	2. 預告團體即將進入尾聲，請成員將前幾次團體所用到的活動單帶來，並說明下週的最後一次團體會有回饋小卡的活動，請成員事先寫好小卡，當天可以送給本人。			

各單元設計表十

單元名稱	話說你我他	次數	第 10 次	人數	8 人
		時間	45 分	地點	團諮室
單元目標	1. 成員回顧團體，檢視所學。 2. 給予彼此支持回饋。				
準備器材	小卡				

活動名稱	活動流程	時間	器材	目標
1. 引導（引言）	領導者回顧上次團體的內容，並說明此次為最後一次團體，簡要說明此次團體的活動流程。	5'		1
2. 我有話要說	1. 配合團體主題，從第 1 次到 10 次的團體過程，與成員一起回顧團體的內容，大家一起做了哪些事，收穫是什麼。	10'		1
	2. 成員彼此分享在團體中的成長。	5'		
	3. 統整成員所分享的成長與學習，並談論如何落實所學。	5'		
3. 小卡滿天飛	1. 邀請成員將回饋小卡親自送給本人，並說出你想跟對方說的話。	8'	小卡	2
	2. 領導者針對成員的進步給予個別的回饋。			
4. 說 bye-bye	1. 與成員一起討論團體結束的心情，並協助其調適。	10'		
	2. 與成員圍成一個圈，每人對團體說一句話，作為團體的結束。	2'		
	3. 填寫團體回饋單。			

附件 10.1

團體回饋單

親愛的成員們：

　　很高興，團體順利地在今天結束了，這次的經驗對我們來說是非常寶貴的，同時也很感謝你願意一路參與這個團體。在經過這幾次的團體之後，不曉得你的收穫如何？下面是一份針對團體成效評估的問卷，請依照自己的實際狀況填寫，我們會依問卷結果來作為未來設計團體的參考。請依據你在團體中的感受，圈選出一個最接近真實狀況的選擇。你的回饋與指教是促使我們進步的動力，感謝你的配合！

一、我在團體中的狀況是……

1 代表非常不同意，2 代表不同意，3 代表普通，4 代表同意，5 代表非常同意，請依照自己真實狀況圈選。

1. 我喜歡領導者帶領團體的方式。　　　　　　　　　　1 2 3 4 5
2. 整體來說，我喜歡團體中的活動。　　　　　　　　　1 2 3 4 5
3. 我在團體中可以感到自在舒適，也很放心。　　　　　1 2 3 4 5
4. 我覺得在團體裡，大家都能對彼此信任並坦白。　　　1 2 3 4 5
5. 我願意在團體中說出自己的想法，或者和別人分享我　1 2 3 4 5
   的經驗。
6. 我覺得在團體進行中，領導者會注意到我的狀況。　　1 2 3 4 5
7. 團體結束後，我會想一想參加團體的情形，還有自己　1 2 3 4 5
   得到的收穫。
8. 在參加團體之後，我能對自己與我的家有更多的認識。1 2 3 4 5
9. 我覺得參加這個團體對我很有幫助。　　　　　　　　1 2 3 4 5
10. 未來如果有機會，我願意再參加類似的團體。　　　　1 2 3 4 5

二、我覺得第＿＿＿次的團體，收穫最多

因為＿＿＿＿＿＿＿＿＿＿＿＿＿＿＿＿＿＿＿＿＿＿＿＿＿＿＿＿

＿＿＿＿＿＿＿＿＿＿＿＿＿＿＿＿＿＿＿＿＿＿＿＿＿＿＿＿＿＿＿

三、我想要對領導者說：

＿＿＿＿＿＿＿＿＿＿＿＿＿＿＿＿＿＿＿＿＿＿＿＿＿＿＿＿＿＿＿

＿＿＿＿＿＿＿＿＿＿＿＿＿＿＿＿＿＿＿＿＿＿＿＿＿＿＿＿＿＿＿

第八章

隔代教養家庭學生團體諮商
方案設計實例

有你真好——
隔代教養家庭學生之自我肯定訓練團體

◎楊宗緯、林上能、徐維仁、
錢姝君、朱婉芸／設計
◎謝麗紅／指導

一、**團體名稱**：有你真好 —— 隔代教養家庭學生之自我肯定訓練團體。

二、**團體總目標**：

1. 協助成員瞭解家庭成員、結構，以及學校生活中的人際關係與溝通對自我概念之影響。

2. 協助成員學習適當的社交技巧，並且透過情境的演練，讓成員能夠因應外界事物的變化，提升對事物的掌握度，增進成員的自我肯定。

3. 協助成員學習控制情緒，培養好的 EQ，配合人際關係的探索與溝通技巧的演練，以達到增進成員自我管控能力之目的，並能促進學員自我概念之提升以及良好之人際互動模式。

三、**團體性質**：結構性、同質性團體諮商。

四、**團體對象**：國中二年級隔代教養家庭之子女。男女比例儘量平均，成員性質為其在家庭生活、學校生活當中，人際相處上有困擾或是情緒管控能力不適應，常見的特色為自卑感高、低自尊、負向自我概念較多為是。

五、**團體人數**：8 人。

六、**團體地點**：團諮室。

七、**團體時間及次數**：每週 1 次，每次 90 分鐘，共 10 次。

八、**方案設計者及訓練背景**：設計群現為國立彰化師範大學輔導與諮商學系 96 級乙班學生，曾修習過兒童及青少年心理輔導、輔導原理、諮商理論與技術、諮商技巧、團體輔導、團體諮商、發展心理學、人格心理學等相關課程，並曾帶領過大學生「兩性相處」相關議題之團體。

九、**招募方式**：由校園開始招募成員，請國中輔導室貼出海報，並請導師配合填寫引薦信函，使需要協助之隔代教養家庭子女能有所獲益。並試圖篩選一至二位社會適應良好、正向自我肯定之隔代教養成員加入，以刺激團體成員間之對話與回饋，增加情境模擬之真實性。

十、**理論依據**：

從 Erikson（1968）的心理社會發展階段而言，青少年的主要課題在於解決認定與認定混淆（identity versus identity confusion）的衝突，成為一個獨特的成年人，在生活中扮演一個重要的角色。為了形成個人的認定，自我會將能力、需求和慾望加以組織，並幫助他們調整以適應社會的要求（引自黃慧貞譯，1998）。青少年在形成自我認同上最大的困難是來自於父母、同儕以及社會所造成的壓力，他們必須要調適、整合出一套自己的價值體系，使自己的人生有方向可循。然而從 2002 年行政

院主計處針對青少年狀況調查指出,未與父母同住之青少年占了近 3～5%之間,其可能的原因包括了父母離異、單親、喪親、犯罪,也包含了隔代教養。研究調查亦指出青少年感覺困擾之問題當中,以家庭問題占了五成以上(以上整理自葉思欣2005)。由上述可知,雖然青少年此時開始把生活的重心從家庭移轉到學校和同儕身上,但仍然和家庭有著密不可分的關係。研究指出,當隔代出現在家庭情境中時,對祖輩養育者以及孫輩雙方都是相當大的生活、情緒壓力和挑戰,除了可能帶來的經濟困難,親戚關係複雜化,小至家庭大至人口結構重新解組,使得文化延續以及組織結構的不穩定,亦是造成許多社會問題橫生之主因,諸如犯罪、毒品、後代發展遲緩、人際關係惡劣、自我管控能力差等(李玉冠,2000;李應觀,2003;蔡松瑜,2003;Pinson-Millburn et al., 1996)。

　　本團體配合當前時事之觀察與社會現狀反應之家庭問題作設計,特此針對非傳統家庭中的隔代教養問題對其子女後代可能的影響,設計了 10 次的團體,以期能夠透過團體中溫暖、接納、關懷、真誠、安全的環境,提供成員能在此環境中學習開放心胸,傾聽彼此的故事,互相觀摩學習良好的社交技巧及問題解決能力,掌控自己的情緒和溝通方式等,達到讓隔代教養學生能進而肯定自己的價值、肯定自己存在之意義,取代原有之非理性、負向自我評價之認知。

　　在學校生活適應方面,學生的適應與否受到家庭因素影響,包括了養育者的教養態度與方式、養育者關係與親子關係、家庭結構等(呂清發,2003;王春美,2000;吳麗娟,1998)。本團體中其一重要的目標即是希望透過活動的安排和設計,使得隔代教養的國中生能體察到家庭關係與教養態度對學校生活適應的影響。另外在同儕關係部分,此種人際能力受到早期親子關係及教養方式的影響,因為如何發展健康的人格與有助益的同儕關係,便可以推至家庭生活的探索(羅國英,1998)。

　　本團體第二次至第四次活動設計即是以此立論,首先進行家庭生活的探討,讓成員能試著找出其中的關連性,並與自己切身的狀況作連結,以期在之後的人際、社交技巧訓練過程中能發展出好的人際溝通互動模式。並在第五次到第六次的團體中,重整學校生活適應、同儕人際互動等議題,探討可能發生的原因和因應策略。此時異質性成員的利弊也應注意,利則以使得成員獲得模仿學習之對象,並有更多的刺激動力存在;弊則以使得成員有反向情緒,可能產生自暴自棄甚至是表面上的漫不在乎,這些都是在團體中期待被探討到的議題。

　　在進行過學校生活與家庭生活之探索後,更應針對多數研究指出隔代教養子女

易出現情緒管理與自我管控能力不佳的現象加以探討與澄清。第七至第八次團體除了和先前活動中的家庭和學校生活作連絡，更嘗試以「瞭解成員表徵行為的背後所隱含的意義及經驗為何」的態度為團體基調，提供適合成員的解決策略，並施以行為預演等情境模擬技巧於團體歷程中，加上成員的回饋促成成員的自我增強歷程，可直接增進成員之因應能力，間接地影響成員對自己的自我概念與假設。

而貫串本團體之主要核心概念——「自我概念」之探討，除了透過先前活動的舖陳和引導，其落實之具體方式即為不斷的社交技巧和自我肯定之訓練。第九至十次團體即透過有結構性的程序作為導引，嘗試以成員為主體的敘說方式，說出自己的想法與感受之過程，本身即具有療效因素。以行為學派之增強與演練過程，使得成員能在安全之環境中達到適切的準備度以及掌握感，配合家庭作業的檢核與落實，以期能開啟、拓展成員的視框，重新看待自己以及自己周遭一切人事物（家庭結構、家庭成員、學校生活、同儕與人際互動等），配合以後現代治療的觀點，試圖引導成員檢視自己的優勢力量以及限制所在，進而探討可以嘗試再努力的部分，並鼓勵成員看見自己努力走過困難以至今日的努力和掙扎，培養成員能抱持以正向、積極之態度面對往後未來之人生。

參考資料

王春美（2000）。從家庭結構的改變談祖孫家庭。**南縣國教**，2，頁 116-120。

吳麗娟（1999）。父母自我分化、教養態度對青少年子女自我分化、因應策略及適應影響之研究。**教育心理學報**，1（30），頁 91-132。

呂清發（2003）。**受保護管束少年親子關係與偏差行為之研究**。國立中正大學犯罪防治研究所碩士論文，未出版，嘉義。

李玉冠（2000）。**隔代家庭祖孫關係之探討——以台北縣低收入戶為例**。靜宜大學青少年兒童福利學系碩士論文，未出版，台中。

李應觀（2003）。**雲林地區有無犯罪少年之隔代教養與衝突之比較研究**。國立中正大學犯罪防治研究所碩士論文，未出版，嘉義。

黃慧貞（譯）（1998）。**發展心理學**。台北：桂冠。

葉思欣（2005）。**隔代教養家庭國中學生學校生活適應及自我概念之研究**。國立彰化師範大學輔導與諮商學系輔導活動教學碩士班碩士論文，未出版，彰化。

蔡松瑜（2003）。**國中生父母親教養知覺、家庭生活適應與偏差行為之關係研究**。

國立中正大學犯罪防治研究所碩士論文，未出版，嘉義。

羅國英（1998）。青少年前期的同儕關係：與親子關係的延續、競爭、或彌補？**東吳社會工作學報**，4，頁 35-78。

Pinson-Millburn, N. M., Fabian, E. S., Schlossberg, N. K., & Pyle, M. (1996). Grandparents rising grandchildren. *Journal of Counseling and Development, 74* (6), p.548-554.

團體單元設計大綱

單元	活動名稱	單元目標	活動內容	時間
一	認識你真好	1. 協助成員瞭解團體的意義、主題、進行方式。 2. 訂定團體規範。 3. 認識彼此。	1. 哈囉，你是誰？ 2. 通力合作 3. 說到就要做到 4. 我的未來不是夢	20' 25' 20' 25'
二	我看我的家	1. 協助成員瞭解家庭各種不同的型態。 2. 使成員認同自己及自己的家庭型態與關係。	1. 畫（話）我家庭 2. 撕思有兩種 3. 結束	35' 45' 10'
三	當童顏遇上白髮	1. 使成員瞭解教養態度與方式的重要性。 2. 協助成員明白教養態度與方式對自己的影響。	1. 保護天使 2. 祖孫情 3. 今天的收穫 4. 感恩的心	40' 35' 10' 5'
四	從原生父母看祖孫情	1. 協助成員檢視過去與父母的關係。 2. 使成員與祖父母的關係能更為和諧與精進。	1. 我與父母 2. 我與祖父母 3. 總結 4. 感恩的心	40' 45' 5'
五	夢遊校園	1. 協助成員瞭解自己與同儕互動的狀況。 2. 協助成員瞭解自己與老師互動的狀況。 3. 討論學校生活所遭遇的困擾與因應之道。	1. 夢遊校園 2. 學校日記 3. 綜合討論 4. 感恩的心	45' 30' 15'
六	怎麼看自己	1. 瞭解成員在學校面臨的問題。 2. 瞭解成員對於老師與同學的想法。	1. 感性時間 2. 課業大作戰 3. 資源補給站 4. 綜合討論	20' 35' 20' 15'
七	情緒扮一扮	1. 由生活情境中瞭解自己的情緒表達方式。 2. 使成員在角色扮演的過程中得到情緒的宣洩與支持。 3. 學習如何應對生活中的種種情緒。	1. 情緒開講 2. 情緒扮一扮 3. 重新來過 4. ending	15' 35' 35' 5'

（續）

單元	活動名稱	單元目標	活動內容	時間
八	特別的我	1. 增進成員對自己正向特質的肯定。 2. 增進成員瞭解正向特質的運用。 3. 讓成員懂得給予自己、他人回饋。	1. 情緒想一想 2. 其實我很不錯 3. 董事長看過來 4. 天使在人間	20' 30' 30' 10'
九	開啟另一扇窗	1. 增進個人問題解決能力。 2. 瞭解自己對於問題解決的準備度。	1. 我的心窗 2. 窗「內」的天空 3. 我有決心	35' 35' 20'
十	珍重再見	1. 協助成員處理離開團體的情緒。 2. 回顧先前團體聚會的經驗。 3. 發現成員的改變。 4. 練習給予他人回饋。	1. 轉圈圈 2. 敲開我的夢想 3. 揮別啟程	30' 40' 20'

各單元設計表一

單元名稱	認識你真好	次數	第 1 次	人數	8 人
		時間	90 分	地點	團諮室
單元目標	1. 協助成員瞭解團體的意義、主題、進行方式。 2. 訂定團體規範。 3. 認識彼此。				
準備器材	成員名牌、CD、CD player、活動單、筆、海報紙、麥克筆、信紙、瓶子				
活動名稱	活動流程	時間	器材	目標	
1. 哈囉，你是誰？	1. 領導者自我介紹，並且掌握團體氣氛。 2. 領導者告知團體成員此為第一次的團體聚會，並且預告此次團體聚會的主要目標。 3. 領導者說明將要進行的活動之規則與進行方式，並且加以示範。 【指導語】等一下將要進行一個自我介紹的活動，內容很簡單，只需要依序說出自己的名字、喜歡讓大家呼喚的稱呼，而且在說出名字或稱呼的時候，加上一個註解的肢體語言。之後換下一個成員前，團體成員需要一起重複每一個說過的自我介紹內容，才能換一個還沒有自我介紹過的成員。 4. 成員進行活動。 5. 領導者說明利用此活動，讓整個團體熟悉每一個成員的名字或稱呼，並且加上肢體語言使印象更為深刻。	20'	在團體開始前，即發下成員名牌，以利成員記下大家的名字	1	
2. 通力合作	1. 領導者說明活動的進行方式。 【指導語】剛剛進行的「哈囉，你是誰？」是對整個團體作初步的自我介紹，現在我們將要進行自我介紹的進階版了——「通力合作」，顧名思義就是	25'			

（續）

活動名稱	活動流程	時間	器材	目標
	要讓大家分為兩人為一小組，在相互的瞭解認識之後，再回到團體中互相介紹對方給大家認識。等一下會發下活動單，上面有一些個人的特質或是自己的資料可以參考，讓大家在稍後的分享中，有更多的個人資訊告訴大家。 2.確認小組，發下活動單，開始進行小組的自我介紹。 3.結束小組討論，回到大團體中進行分享及相互的介紹。		CD、 CD player 活動單、 筆	
3.說到就要做到	1.領導者說明往後的團體活動與目的。 2.領導者舉例說明團體規範的用意、重要性與意涵。 3.領導者拿出所需的器材，與成員一同寫下團體規範，並且討論之。 4.完成團體規範，並請成員簽名，之後懸掛於顯眼之處，說明需要一同遵守此規範。	20'	海報紙、 麥克筆	2
4.我的未來不是夢	1.領導者說明活動進行方式。 【指導語】來參加團體活動，相信大家對這個團體都會有期待，對自己也會有期許或是改變；那麼你想要什麼樣的改變呢？你希望你自己有哪些地方會有所改變呢？像這些對未來的期許與改變都可以寫在這張紙上面，而這張紙不會給其他成員看，這是屬於你的一封信，收信人是你自己，可以不用擔心內容適合與否，因為這是你自己的信。而等一下也會將信封起來，直到最後一次的團體才會回到你手中。	25'		3

（續）

活動名稱	活動流程	時間	器材	目標
	2. 發下信紙，寫下給未來自己的信。 3. 領導者將信一起收回，並且丟入瓶子中。 4. 領導者可拿著瓶子對成員說明其意義，並且預祝成員能夠得願所償、完成其期許，作為此次團體的總結。		CD、 CD player 信紙、筆	

附件 1.1：「哈囉！你是誰？」活動單

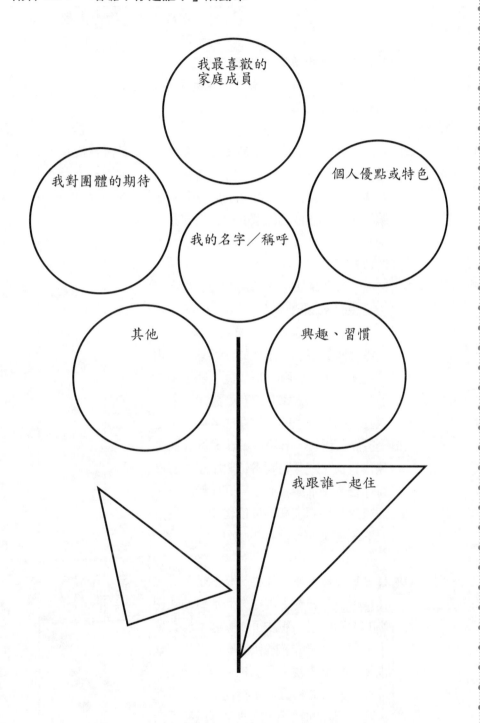

各單元設計表二

單元名稱	我看我的家	次數	第 2 次	人數	8 人
		時間	90 分	地點	團諮室
單元目標	1. 協助成員瞭解家庭各種不同的型態。 2. 使成員認同自己及自己的家庭型態與關係。				
準備器材	圖畫紙、彩色筆、學習單				

活動名稱	活動流程	時間	器材	目標
1. 畫（話）我家庭	1. 領導者說明本次團體的主題、規則。 【指導語】等一下每個人都會拿到一張圖畫紙，我會在大家的面前放幾盒彩色筆，請大家把你們的家庭成員畫在圖畫紙上。 2. 活動進行。 3. 導入活動說明：詢問成員對一般小家庭型態的看法，並請成員分享身為「隔代教養家庭」一員的看法。 【指導語】每個人出生的背景都不盡相同，所以不能說哪一種家庭型態是標準而且正常的。大家有沒有聽說過「隔代教養」的家庭型態？這裡的各位並不是屬於與父母親一起組成的小家庭，而是隔代教養家庭。請問各位對小家庭有沒有什麼想法？與其他小家庭比較起來，大家認為你們家庭的特色是什麼？對自己的家庭又有什麼樣的看法？	35'	圖畫紙、彩色筆	1
2. 撕思有兩種	1. 說明活動主題、目標、發下學習單。 【指導語】好的！現在你們都有彼此初步的說過自己的想法了。家庭型態其實不單只有小家庭或隔代家庭，三代家庭也是、甚至單親家庭也是。各位必須認清每個家人的特質及獨特性。進一步地去認同彼此的關係，這些家庭型態不全然也不見得就是問題家庭。對於身處隔	45'	學習單	2

（續）

活動名稱	活動流程	時間	器材	目標
	代教養家庭的你們來說，在與別人的相處與互動中，有沒有一些迷「思」，是讓你們覺得很困擾的？接下來我會給每人一張學習單，讓我們一起把這些迷思「撕下來」。空白的部分是給各位填寫的，除了圖上的迷思，大家如果有補充的，也可以一併寫上，再行撕下。 2. 發下學習單進行活動。 3. 說明此次活動進行的目標：詢問成員撕下該迷思的理由，領導者講解為何要破除這些標籤，以使成員接受並認同自己的家庭，從而促進成員的家庭關係。 【指導語】當我叫大家把這些迷思撕下來的時候，大家有沒有想過為什麼？如果別人與你互動而產生這些想法你會如何解決？這些問題是大家一定會面臨到的嗎？請大家先說說看你的觀點。 4. 領導者針對上述問題總結。 【指導語】大家相當熟悉的卡通「小當家」，主角本身就是生在單親家庭中，帶著母親的呵護與企盼，最後他當上特級廚師。在繼親家庭中，也有你們知道的「怪醫黑傑克」，黑傑克一直把皮諾可當作自己的女兒看待。一般人很容易忽略隔代教養家庭也有它的功能存在，甚至把一些負面的想法與它做連結，這是非常偏頗的想法。或許你們的家庭結構與有些人的不盡相同，但這並不代表，你得到的愛就有所減損，因為家庭結構不是決定愛與溫馨的絕對因素。你們都是獨立的個體，與別人一樣平			

（續）

活動名稱	活動流程	時間	器材	目標
	等，同樣地，你們的家庭也是一樣偉大，一樣值得去經營、去珍惜的。			
3. 結束	1.請成員分享今天在團體中參與活動的想法。 【指導語】今天最主要是希望大家對你們自己、自己的家庭有所接受與認同，我帶大家思考了一些問題，也聽大家說了自己的觀點，最後，各位今天有什麼感覺、收穫？可以說說看嗎？ 2.預告下次的主題。 【指導語】下次我們要進行一些肢體活動，請大家穿著較輕便、容易活動的服裝。	10'		

附件 2.1：「撕思有兩種」活動單

底下是一個健全、幸福、愉快的好學生。

但是有許多負面的標籤加諸在他的身上……

讓我們一起

把這些迷思撕下來吧！

各單元設計表三

單元名稱	當童顏遇上白髮	次數	第 3 次	人數	8 人
		時間	90 分	地點	團諮室
單元目標	1.使成員瞭解教養態度與方式的重要性。 2.協助成員明白教養態度與方式對自己的影響。				
準備器材	氣球、橡皮筋、膠帶				
注意事項	本問題需視成員狀況、程度做鋪陳上或問題設計上的調整。				

活動名稱	活動流程	時間	器材	目標
1. 保護天使	1. 領導者說明活動主題。 2. 領導者將準備好的氣球發下，每人一顆，拿到之後吹好，用橡皮筋綁緊避免漏氣。 【指導語】今天我們來進行一個叫「保護天使」的活動，每人都會拿到一顆氣球，先把氣球吹好、綁緊，過程中希望大家注意安全，不要嬉鬧，完成之後拿在手上。 3. 講解規則進行活動。 【指導語】現在請把氣球掛在您的腳上。每個人除了必須攻擊別人的氣球寶寶，最重要的，還是保護自己的氣球不被其他人踩破。時間進行 5 分鐘，我們來看看誰是最厲害的保護天使。 4. 領導者安排成員坐定位，引導成員與活動作連結討論。 (1)現在你是保護天使，你要如何照顧你的氣球寶寶？ (2)你認為什麼才叫作「稱職」的保護天使？如果是你，會當一個稱職的天使嗎？ (3)沒有天使保護的氣球，有可能會變成什麼樣子？ (4)當氣球被踩破時，你有沒有什麼情緒反應？	40'	氣球、橡皮筋	1 2

（續）

活動名稱	活動流程	時間	器材	目標
	(5)如果你是那顆氣球，在你的家庭中，誰扮演保護天使的角色？你喜歡誰照顧你？ (6)如果保護者是別人，你會期待他們做些什麼？			
2. 祖孫情	1. 領導者請成員檢視自己與祖父母的互動狀況。 【指導語】在與養育我們的祖父母互動中，他們教養的方式是非常重要的一環，對你們的影響當然也非常深遠。教養上的管教疏忽，甚至有可能導致行為方面的問題。 2. 說明活動意義，並引導成員對以下三個向度作思考。 (1)你對祖父母的教養方式有沒有任何想法？ (2)長久以來，你覺得自己有沒有受到祖父母教養方式的影響？影響在哪方面？ (3)你認為在隔代教養家庭中的教養方式有沒有什麼限制或挑戰？ (4)領導者總結團體。 【指導語】一個好的教養方式與態度，對孩子的學業及人際關係發展而言，一定有正向的幫助和推力。大家針對問題說說看自己的感覺，好嗎？ 　　其實，很多與祖父母互動、合作默契良好的人，自主性強，在學業與成就上的表現都不輸人，甚至他們的祖父母給了他們更多的陪伴與安全感。	35'		

（續）

活動名稱	活動流程	時間	器材	目標
3. 今天的收穫	領導者總結今天的活動，協助成員回顧活動的目的，並請成員描述此刻的心情。 【指導語】現在就請各位成員分享你們今天對活動的想法或感覺。	10'		
4. 感恩的心	領導者請成員團體結束後，找機會對祖父母表達自己的感謝之意。	5'		

各單元設計表四

單元名稱	從原生父母看祖孫情	次數	第 4 次	人數	8 人
		時間	90 分	地點	團諮室
單元目標	1. 協助成員檢視過去與父母的關係。 2. 使成員與祖父母的關係能更為和諧與精進。				
準備器材					

活動名稱	活動流程	時間	器材	目標
1. 我與父母	1. 領導者說明此次團體主題與流程。 2. 領導者請成員講述自己與父母親的關係，參入以下問題以鼓勵成員思考。 　(1)現階段與父母親的關係。 　(2)對父母親的瞭解與印象。 　(3)父母親長期不在自己身邊的原因，以及對自己造成的影響。 　(4)定義自己心目中理想父母的條件。 【指導語】無可諱言的，父母在我們的人生舞台上具有相當吃重的戲份，他們對我們的成長著實是功不可沒。但在隔代教養家庭中，父母的角色卻由祖父母擔綱演出，阿公阿嬤如何取代父母？你們會有家的感覺嗎？我們待會會更深入地去思考。	40'		1
2. 我與祖父母	1. 領導者準備幾個議題讓成員去討論，議題如下： 　(1)與祖父母的關係。 　(2)祖父母與父母不同的特質。 　(3)祖父母對你生活的管理態度對你們之間的關係有何影響。 　(4)當父母離開時，你是如何與祖父母重新作關係上的連結。 2. 活動意義說明：讓成員瞭解祖父母身	45'		2

（續）

活動名稱	活動流程	時間	器材	目標
	代親職，負起與父母親同等的責任，他們是一樣偉大的。 【指導語】如果我們說祖輩的愛沒有辦法滿足孩童的情感需求，那是太狹隘的看法。剛請大家思考了很多問題，有很重要的目的是為了讓各位對照顧自己的人，有更深入的思考。隔代教養家庭不是問題家庭，我們對自己的家庭都要付出愛與關懷，同樣也有責任來經營自己想要的家庭生活。			
3. 總結	領導者總結團體，並請成員分享所學。 【指導語】有些人遇到挫折時常會有這樣的藉口出現：我就是出生在這樣的家庭裡，所以才有今天這種想法。或許我們沒有辦法選擇原生父母與家庭，更別提祖父母，但生命的成就和責任都還是要回歸個人。檢視過去，瞻往未來，隔代教養家庭的關係維繫是極待各位去努力的。	5'		
4. 感恩的心	領導者鼓勵成員團體結束後，選擇一項自己能及的事，為祖父母分擔家事。			

各單元設計表五

單元名稱	夢遊校園	次數	第 5 次	人數	8 人
		時間	90 分	地點	團諮室
單元目標	1. 協助成員檢視自己與同儕互動的狀況。 2. 協助成員瞭解自己與老師互動的狀況。 3. 討論學校生活所遭遇的困擾與因應之道。				
準備器材	CD、CD player				

活動名稱	活動流程	時間	器材	目標
1. 夢遊校園	1. 說明本次團體主旨以及團體流程概況，並詢問成員身心狀況。 2. 領導者請成員各自找一個角落躺下，播放輕鬆音樂，然後領導者開始引導…… 【指導語】現在請同學全身放輕鬆，不要去想任何的事情。放鬆再放鬆，然後大口深呼吸，吸氣……吐氣（共三次）。想像自己剛剛睡了一夜好眠，然後早上醒來。想到要去學校上課，你的心情是如何呢？你心裡想到了什麼？ 　　去學校之前，你的祖父母會跟你說些什麼呢？很快的你到了學校，你遇到哪些人？又會跟哪些同學說話。老師要進來了，你的心情與想法是什麼？如果老師今天會跟你說話，你覺得他會跟你說些什麼？每堂課下課後通常你會做些什麼事？上了一整天的課，放學的鐘聲終於響起了，你的感覺與想法是什麼？會遭遇什麼困擾？	45'	CD、 CD player	1 2
2. 學校日記	1. 請成員回想剛剛的過程，然後進行分享。 2. 請成員針對可能在學校遭遇的困難進	30'		3

（續）

活動名稱	活動流程	時間	器材	目標
	行討論，並給予其他成員回饋，談談是否有與其他成員的類似遭遇。			
3. 綜合討論	領導者作總結，並鼓勵成員落實團體所學。 【指導語】剛剛聽到了同學的討論與分享，讓我們對學校的生活有更進一步的瞭解，相信大家會發現有些遭遇與困擾跟其他人是一樣的，也有可能有很多不同的因應方法，相信我們會更有信心面對學校的學習生活。	15'		
4. 感恩的心	領導者請成員於團體結束後，對自己的好同學或好友表達謝意。			

各單元設計表六

單元名稱	怎麼看自己		次數	第 6 次	人數	8 人
			時間	90 分	地點	團諮室
單元目標	1. 瞭解成員在學校面臨的問題。 2. 討論因應學校問題之道。					
準備器材						
活動名稱	活動流程		時間	器材		目標
1. 感性時間	1. 說明本次團體主旨以及團體流程概況，並詢問成員身心狀況。 2. 分享上週以來對自己好友或同學表達謝意的執行狀況。討論是否有困難？		20'			
2. 課業大作戰	1. 請成員思考在學校學習上遭遇的困擾，並討論因應之道。 【指導語】請成員思考自己在學校學習與課業方面曾經或目前正遭遇的困擾，並把它寫下來。 2. 領導者將成員寫下的困擾加以歸類，將相同困擾者放在同一組，討論問題發生的狀況，一起腦力激盪，提出因應之道。 3. 回到大團體討論與分享。		35'			1
3. 資源補給站	1. 領導者引導成員思考在課業上遭遇困難時，有哪些人可以協助他因應問題。 【指導語】課業遭遇困難時，也許祖父母因為年紀比較大了，無法協助我們解答，似乎幫不上忙，大家可以思考看看還有誰可以幫忙？ 2. 協助成員互相建立支持與協助系統。		20'			2
4. 綜合討論	1. 請成員說說本次活動讓你印象深刻的地方，回答問題時的心情，聽到別人		15'			

（續）

活動名稱	活動流程	時間	器材	目標
	遭遇的心情。 2. 領導者作總結。 【指導語】很高興可以聽到你們願意與我分享你們的故事，我覺得分享是件快樂的事。或許你在學校課業學習上遭遇了困難，或遭到不公平的對待，讓我們接下來互相扶持，共同來解決所遭遇的問題。			

各單元設計表七

單元名稱	情緒扮一扮	次數	第 7 次	人數	8 人
		時間	90 分	地點	團諮室

單元目標	1. 由生活情境中瞭解自己的情緒表達方式。 2. 使成員在角色扮演的過程中得到情緒的宣洩與支持。 3. 學習如何應對生活中的種種情緒。				
準備器材	音樂與 CD player				

活動名稱	活動流程	時間	器材	目標
1. 情緒開講	領導者與成員們談談在學校、家庭或是其他場景、人、事、物中會遇到的一些情緒，或甚至是衝突。 【指導語】大家在上次幾次的活動中或多或少都有提到關於和同儕或是和家人相處的狀況，不過我們都是比較談論到事情的經過和一些想法，我們今天要比較著重的地方，是大家內心裡面的情緒。 　　請每一個人都說說看，你曾經遇到讓你很有情緒的時候，大概的事件是什麼？你又有哪些情緒和反應呢？	15'	音樂和 CD player	1
2. 情緒扮一扮	1. 講解接下來活動的進行方式，並將成員分成兩組來進行活動。 【指導語】我們接下來要進行的活動叫作「情緒扮一扮」，顧名思義就是要來扮演我們生活中可能會出現的情況和各種情緒。我們現在就先來講解活動進行的方式。 活動規則： 　(1)成員自行分成兩組，四人一組為一個單位。 　(2)四個人要通力合作演出一場在生活中會遇到的情緒狀況劇。 　(3)一組有 5 分鐘的時間來討論你們這	35'		2

（續）

活動名稱	活動流程	時間	器材	目標
	一組在 10 分鐘內要演些什麼、還有角色的分配。 (4)演出的內容可以自行發揮，場景不限，但是愈貼近真實生活狀況愈好，可以演出和同儕和家人的一些生活狀況或是問題，而且希望每個人都可以參與討論和演出。 (5)每組 5 分鐘討論時間結束後，由一組先演出 10 分鐘，再換下一組。 2. 預約分享。讓成員可以先為等一下的討論與分享做準備，也可以有更仔細的觀察。 【指導語】在活動的過程中，大家想想看如果今天你的角色換了，你會有什麼不一樣的看法或是情緒反應嗎？還是你觀察到誰的演出讓你特別有感觸呢？為什麼？ 3. 分組後活動開始。 4. 先讓成員分組討論 5 分鐘。 5. 請這兩組分別演出 10 分鐘。 6. 領導者帶領對於這兩組的第一次演出各個成員或小組的回饋： (1)對於剛剛的演出自己的感覺是什麼？ (2)你覺得哪一個角色讓你最有共鳴？為什麼？ (3)要如何讓這個狀況劇中的情緒改變後，能讓事情可以有較好的處理，你覺得要怎麼做比較好呢？		音樂播放	
3. 重新來過	1. 請成員再演出，就剛剛的狀況劇，組內討論後演出一個不一樣的處理方式，要如何應對才能讓狀況劇中的人	35'		3

（續）

活動名稱	活動流程	時間	器材	目標
	物情緒得到抒發，讓情況得到較好的改善？ (1)小組討論 5 分鐘。 (2)兩組分別演出 10 分鐘。 2. 領導者帶領成員討論關於在演出之後的想法，與第一次的演出有什麼相同與不同的地方，於心情和情緒上面的轉折。 (1)在第二次演出與第一次演出的時候，你們這一組做了哪些改變？這些改變造成什麼影響？ (2)第二次演出的心情和第一次演的時候，你個人有什麼不一樣？如何的不一樣呢？ (3)你覺得這樣的處理方式有沒有更好一點，為什麼？ (4)如果你遇到類似的情況，你會這樣做嗎？為什麼？			
4. ending	1. 領導者統整各成員所發表的言論，且提出本次單元活動總結。 【指導語】大家在這兩次的演出中，都看到了情緒對生活的影響，在演出的時候，特別注意到這些心情起伏，也為影響事情狀況的心情作了一些改變和處理，可能和自己平常運用的方式不一樣，也可能很類似。但是不管怎麼樣，情緒不是一成不變的，是可以轉化、也可以適當表達的，所以不要害怕去表現情緒，有時候它還會是一個解決狀況或衝突的好幫手呢！ 2. 鼓勵落實今天團體所學。	5'		

各單元設計表八

單元名稱	特別的我	次數	第8次	人數	8人
		時間	90分	地點	團諮室
單元目標	1.增進成員對自己正向特質的肯定。 2.增進成員瞭解正向特質的運用。 3.讓成員懂得給予自己、他人回饋。				
準備器材	「家庭作業」活動單、「其實我很不錯」活動單、自我引薦信紙、信封				

活動名稱	活動流程	時間	器材	目標
1. 情緒想一想	1. 回顧上次團體在兩次演出中所學習到到的不同的因應情緒方式。 2. 領導者鼓勵成員試著想看看這些因應方式帶入成員自己的生活： ⑴在新的因應方式中，你覺得你可以如何運用他們在與同儕的關係上呢？ ⑵能如何用在你與家人相處的生活中呢？	20'	「家庭作業」活動單	
2. 其實我很不錯	1. 說明本次團體目的及活動概況。 2. 說明接下來「其實我很不錯」活動進行方式。並提醒成員在活動進行中，要專心注視發言成員，並且學習在他人發言過後，試著對此成員進行回饋，可由領導者先行示範回饋內容和態度。 【指導語】接下來我們要進行一個活動叫「其實我很不錯」，這個活動要幫助我們發現與肯定我們自己的優點、特色，學習發揮這些優點。等一下我會發下活動單，請照著上面的表格來填寫你的優點，你會在學校還是家中有這些表現呢？請勾選出來。這樣大家都瞭解這個活動單要怎麼填寫了嗎？	30'		1

（續）

活動名稱	活動流程	時間	器材	目標
	3. 發下「其實我很不錯」活動單並請成員開始填寫，領導者應注意成員是否有困難。			
	4. 進行發表以及回饋活動。領導者應注意各成員是否專注在傾聽該發言成員的內容，並可以在發言過後邀請成員摘要，並給予回饋。		「其實我很不錯」活動單	
	5. 最後邀請有感成員說自己剛才進行活動時，向他人說出優點肯定自己時的心情。也可以說給予他人回饋時，肯定他人或是鼓勵他人時的心情。			3
3. 董事長看過來	1. 領導者為上一個活動作簡單的結語，說明「其實我很不錯」活動是讓自己更肯定地說出自己有什麼特別和很不錯的地方。並引入下一個活動「董事長看過來」，說明此活動是要練習寫一段簡短的「自我引薦」文字，在應徵工作時能清楚說出自己的優點，以及能做些什麼事情是可以吸引董事長的目光。	30'		2
	2. 領導者說明董事群是所有的成員，大家可以一起來決定這個應徵者會不會是我們公司未來適合的員工，並請成員共同想出這家公司的名稱。			
	3. 領導者可事先準備自己的引薦信，讀出內容為成員作示範該如何下筆。詢問過是否有疑問後發下自我引薦信紙和信封，請成員開始寫自我引薦的短文，寫好之後放入信封中，領導者可以走動詢問成員狀況，並收回已完成的信件。		自我引薦、信紙、信封	

（續）

活動名稱	活動流程	時間	器材	目標
	【指導語】現在先和大家分享一下我的「自我引薦信」的內容：「我叫作○○，興趣是閱讀和聽音樂，專長是美工設計，我是一個熱血服務、認真負責的人，做事情一絲不苟，堅持到底，而且我很喜歡幫助有困難的人。」類似這樣子的寫法，包含你如何推銷自己的長處，還有具體的描述你是一個怎麼樣的人，讓董事群們等一下可以作出選擇。 4. 領導者交錯發出信件給各個董事成員，注意不要發給當事人本人，並繞圈發言，請各位董事大聲念出信中內容，並請大家猜猜這位應徵者是誰。 5. 邀請該成員作書信內容的補充，並請成員說出在剛才其他成員念出自己內容時的心情為何。其他成員可以在過程中給予回饋和支持，領導者可以先開始給予回饋，以催化其他成員回饋。 6. 最後請董事群投票表決是否通過錄取這位應徵者。若通過請全員拍手表示歡迎加入公司。依照 4.5.6.的流程輪完所有成員。			3
4. 天使在人間	1. 領導者對於剛才活動進行過程中成員的投入給予肯定和鼓勵，現在就請每個成員說出活動進行的過程中有些什麼感想。 2. 領導者可以先說自己的感想和觀察是什麼，並對其中一位或幾位成員進行回饋，肯定他們的努力和優點、特色，引導其他成員對其他成員回饋。 3. 請成員團體後練習肯定與讚美自己表現不錯之處。	10'		3

附件 8.1：「其實我很不錯」活動單

其實我很不錯！

◎在填寫過程中，除了檢視自己平常生活中的優點，也請試著寫下來為什麼某些優點在某些場合是沒有表現出來的，或是自己對於這些勾選與否的想法。

我的優點	家裡	學校／課堂上

附件 8.2：自我引薦信

我是

我的興趣有

我的專長有

我的特質和優點是

各單元設計表九

單元名稱	開啟另一扇窗	次數	第 9 次	人數	8 人
		時間	90 分	地點	團諮室

單元目標	1. 增進個人問題解決能力。 2. 瞭解自己對於問題解決的準備度。				
準備器材	八開圖畫紙十六張、彩色筆、悄悄話小卡				

活動名稱	活動流程	時間	器材	目標
1. 我的心窗	1. 領導者帶領成員回顧上次團體的內容。 2. 領導者向成員說明「我的心窗」活動進行方式。 【指導語】在每個人心中都有一扇心窗，在生命過程中，總會有一些不開心或是不愉快的事情，不時地打擾自己或是自己身邊的家人、朋友，但是卻不放棄地努力克服萬難，並且今天還能夠來到了 9 次的團體和大家聚在一起。我想邀大家試著寫下來或是畫出來這些解決了或是尚未解決的不愉快或是困擾是什麼，待會兒完成後，我們會有時間讓各位互相分享生命過程至今，我們曾經面對過什麼困難，也可以分享是如何走過這些困難，這些都是值得我們一起來互相鼓勵和支持的。 3. 發下圖畫紙，並請成員開始寫／畫自己生活至今面臨到影響自己最重大的三件事情，它們可以是已經解決的或是尚未解決的。並提早 2 分鐘提醒成員作結束。 4. 引導成員分享自己畫紙上的文字或是圖畫，並敘述出自己的困難是什麼，解決與否，如何解決？ 【如果問題已經解決】 　(1)這些困難對你的影響是什麼？	35'	圖畫紙、彩色筆	1

（續）

活動名稱	活動流程	時間	器材	目標
	(2)這些困難發生時，你是怎麼解決的呢？ (3)你在解決過程中學習到的是什麼？ (4)在參加這9次的團體之後，你覺得你的作法會不同嗎？為什麼？ 【如果問題尚未解決】 (1)這些問題為何沒有被解決呢？ (2)問題沒有解決的狀況下，對你的生活有些什麼影響？ (3)你是如何度過這些困難直到今天的呢？是否嘗試做了些什麼？ 5.分享過程中，可以邀請其他成員就該發言成員的意見作回饋和建設性的建議，領導者也可以示範如何提出建設性的建議和解決策略，但仍將重點放在成員的意見表達。 6.領導者注意成員的情緒和溝通互動，必要時提出此時此刻的覺察。 7.統整成員在處理問題的策略和情緒上的變化。提出成員在談論該問題時的情緒與現在當下的情緒對照，引導成員發現自己的不同之後，討論這些不同的原因是什麼。			
2.窗「內」的天空	1.領導者回饋剛才活動中對成員的觀察和鼓勵。 2.領導者引導進入下一個活動的情境。 【指導語】每個人雖然都嚮往窗外美好的天空或是絢爛的世界，但是窗內的世界，家庭也好、學校也好、自己也好，都是最貼近我們生活的一部分。經過了這幾次團體，我們探討過家庭、學校的議題，現在就讓我們來看看心窗裡的自	35'		

活動名稱	活動流程	時間	器材	目標
	己吧！ 3. 領導者引導成員回顧自己方才寫在心窗內的困難事件，可能帶給自己的有情緒上的、生活上的挫折和困擾，在自己的心中或許還有更多的渴望能有不同於這些不愉快的事情發生，那些事情是什麼呢？請成員寫在另一張圖畫紙上。 4. 成員寫出自己想要的生活或是想要發生的事情。 5. 領導者進一步引導成員思考想要達到這樣理想的生活，需要做些什麼事情才能達到，把這些用不一樣的顏色寫在旁邊。 6. 請成員分成兩兩一組開始分享彼此的內容。提早 1 分鐘提醒成員時間回到大團體中。 7. 領導者邀請成員分享自己的內容和要努力調整的是什麼？（約二至三位成員）並且引導成員們思考自己在擔心和害怕的是什麼？ 8. 請成員閉上眼睛，安靜地思考 3 分鐘。 【指導語】自己對於這些要嘗試去做的改變或調整，願不願意付諸努力去做呢？如果願意的話，請你把願意做的項目寫在畫紙的背後。		圖畫紙、彩色筆	2
3. 我有決心	1. 領導者邀請成員分享自己最後寫在背後的是什麼？以及討論為何最後會選擇寫下這些。 2. 示範並引導成員對彼此的勇敢和信心	20'		2

活動名稱	活動流程	時間	器材	目標
	去嘗試給予回饋和鼓勵。 3. 預告下次團體即是最後一次團體，發下悄悄話小卡，說明小卡的用處，並結束團體。 【指導語】下一次就是我們最後一次的團體了，在最後一次團體到來前，我們還有一個小小的活動是大家一起進行的喔！等一下我會發下悄悄話小卡，這些小卡是要做什麼用的呢？我們經過了 9 次的團體之後，大家也都更加地熟悉彼此，對於每個成員也許有一些想法和特別想要說的話，一直沒有機會或是一直不好意思當面和他說，或是在團體中很欣賞他的表現想要給他一些肯定和鼓勵，都可以藉著這個機會寫下想要說的話，下次團體帶來給這些成員。		悄悄話小卡	

附件 9.1：悄悄話小卡

各單元設計表十

單元名稱	珍重再見	次數	第 10 次	人數	8 人
		時間	90 分	地點	團諮室
單元目標	1. 協助成員處理離開團體的情緒。 2. 回顧先前的團體聚會的經驗。 3. 發現其他成員的改變，練習給予他人回饋。 4. 體察自己的成長、改變，練習給自己回饋。				
準備器材	CD、CD player、回饋單、筆、信紙、瓶子				

活動名稱	活動流程	時間	器材	目標
1. 轉圈圈	1. 領導者提醒成員此為最後一次團體聚會，並說明此次團體主要是作回顧與統整。 2. 請成員分為內外兩圈，面對面坐好。 3. 領導者進行活動，並且提出討論問題。 【指導語】你們是將要開始分享的好伙伴，打個招呼吧！現在對面對你的伙伴說出「你所認識的他」（1分半後）。時間已經到了，與你的夥伴道別。換到下一個伙伴的對面，一樣的要打招呼唷！現在與你的伙伴分享「對他印象最深刻的一件事」（1分半後）。時間已經到了，現在與你的伙伴說再見。換到下一個伙伴的面前，不要忘記打招呼囉！現在和你新伙伴討論「你最喜歡他的哪些特質」（1分半後）。時間又到了，與你的伙伴話別。換到新伙伴的對面，一樣要打招呼。現在的話題為「對方從以前到現在最大的改變」（1分半後）。時間又到了，現在和你的伙伴 say good-bye。換到你旁邊的伙伴對面，不要忘記打招呼了。現在的話題為「你對團體的過程與結束的感想」（2分後）。	30'	CD、 CD player	2 3

（續）

活動名稱	活動流程	時間	器材	目標
	3. 結束活動，並且邀請成員發表活動過程的感想與想法。			2
2. 敲開我的夢想	1. 領導者提醒成員曾經寫過給自己的一封信，拿出存信的瓶子。	40'	CD、CD player、信紙、瓶子	
	2. 與成員一同開啟瓶子，並且分下各自的信。			
	3. 檢視信件的內容，協助成員回饋自己，抒發自己在團體中的體會、成長。			4
	【指導語】看完這些自己的信後，好像又看見了團體的最初。			
	⑴大家還記得當初來團體的動機、期待嗎？			
	⑵在那之後還有許多次的團體活動，在這些團體所帶領的活動、進行的討論，從這些歷程中，有沒有發現自己的改變、成長？			
	⑶對於這些團體活動，還有沒有想要說的感想或體會？			
	⑷團體即將要結束了，你對團體有什麼話想說？			
	4. 討論告一段落後，邀請成員分享其當初的夢想是否有達成、其感想為何？若沒有達成，那是因為什麼呢？還有什麼方法或策略可以在日常生活中達成？	12'		1
3. 揮別啟程	1. 領導者請成員拿出上次的悄悄話小卡，讓成員自由在團體中走動，並且將小卡給予所屬的成員，簡單說出想要給他的幾句話，分享收到回饋對自己的意義為何。	20'	CD、CD player、回饋單、筆	

（續）

活動名稱	活動流程	時間	器材	目標
	2. 領導者說明已近團體的尾聲，且發下回饋單請成員填寫。 3. 收回回饋單後，詢問成員是否有最後想在團體結束前說的話。 【指導語】團體已經進行到最後一次的尾聲了，有沒有成員心裡還有想說的話還沒說出來……（等待），或是有哪些情緒想要與團體一起分享……（等待），其實團體結束，大家多少會有些難過與不捨，可是這只是人生中的一段小旅程，未來還有更多的路途要走。 4. 領導者說出對團體的感想與對成員的回饋，並對成員祝福作為總結。			

附件 10.1：團體回饋單

團體回饋單

各位親愛的成員們：

　　很高興 10 次的自我肯定團體很順利地結束了！為了評估團體的成效，以及為將來的團體提供參考，請依據你在團體中的觀察與感受，選出一個最能表達你的意見的選擇，並在正方形框格中打「✓」，或寫下你的個人看法。此回饋單採不記名的方式，請儘可能表達自己最真實的感受與想法，你的回饋亦是我們進步的原動力，謝謝你們！

	非常同意	同意	不知道	不同意	極不同意
1. 對於團體的氣氛，我感到輕鬆自在。	☐	☐	☐	☐	☐
2. 我能在團體中表達自己的看法。	☐	☐	☐	☐	☐
3. 團體的回家作業，我都認真、努力去完成。	☐	☐	☐	☐	☐
4. 我信任團體，我願意在團體中分享心事。	☐	☐	☐	☐	☐
5. 我在團體過程中能發現自己更多的優點、缺點。	☐	☐	☐	☐	☐
6. 在他人分享的時候，我能專心聆聽。	☐	☐	☐	☐	☐
7. 參與團體後，我更能夠控管自己的情緒。	☐	☐	☐	☐	☐
8. 我瞭解家庭對我的影響，並喜歡自己的家庭型態。	☐	☐	☐	☐	☐
9. 參與團體後，我更能因應生活中的變化。	☐	☐	☐	☐	☐
10. 我能從團體的活動中，發現、瞭解自己更多。	☐	☐	☐	☐	☐

◎我印象深刻的單元（可複選）：

☐ 第一次──認識你真好　　　　☐ 第六次──怎麼看自己

☐ 第二次──我看我的家　　　　☐ 第七次──情緒扮一扮

☐ 第三次──當童顏遇上白髮　　☐ 第八次──特別的我

☐ 第四次──從原生父母看祖孫情　☐ 第九次──開啟另一扇窗

☐ 第五次──夢遊校園　　　　　☐ 第十次──珍重再見

11. 其他我想說的（對整個團體的建議或想對領導者說的話）：

_____

_____

國家圖書館出版品預行編目資料

在家庭中成長——非傳統家庭學生團體諮商／謝麗紅著.-- 初版.
--臺北市：心理，2007.08
面；　公分.--（輔導諮商；64）

ISBN 978-986-191-045-1（平裝）

1. 團體諮商　2. 家庭結構　3. 家庭心理學

178.4　　　　　　　　　　　　　　　　　　　96013826

輔導諮商 64　　在家庭中成長——
　　　　　　　　非傳統家庭學生團體諮商

作　　者：謝麗紅
執行編輯：高碧嶸
總　編　輯：林敬堯
發　行　人：洪有義
出　版　者：心理出版社股份有限公司
社　　址：台北市和平東路一段 180 號 7 樓
總　　機：(02) 23671490　傳　真：(02) 23671457
郵　　撥：19293172　心理出版社股份有限公司
電子信箱：psychoco@ms15.hinet.net
網　　址：www.psy.com.tw
駐美代表：Lisa Wu　tel: 973 546-5845　fax: 973 546-7651
登 記 證：局版北市業字第 1372 號
電腦排版：龍虎電腦排版股份有限公司
印 刷 者：翔盛印刷有限公司
初版一刷：2007 年 8 月

定價：新台幣 350 元　　
ISBN　978-986-191-045-1

讀者意見回函卡

No. _____   填寫日期：　年　月　日

感謝您購買本公司出版品。為提升我們的服務品質，請惠填以下資料寄回本社【或傳真(02)2367-1457】提供我們出書、修訂及辦活動之參考。您將不定期收到本公司最新出版及活動訊息。謝謝您！

姓名：_____　　性別：1□男　2□女

職業：1□教師 2□學生 3□上班族 4□家庭主婦 5□自由業 6□其他____

學歷：1□博士 2□碩士 3□大學 4□專科 5□高中 6□國中 7□國中以下

服務單位：_____　部門：_____　職稱：_____

服務地址：_____　電話：_____　傳真：_____

住家地址：_____　電話：_____　傳真：_____

電子郵件地址：_____

書名：_____

一、您認為本書的優點：（可複選）

　❶□內容 ❷□文筆 ❸□校對 ❹□編排 ❺□封面 ❻□其他____

二、您認為本書需再加強的地方：（可複選）

　❶□內容 ❷□文筆 ❸□校對 ❹□編排 ❺□封面 ❻□其他____

三、您購買本書的消息來源：（請單選）

　❶□本公司 ❷□逛書局⇨_____書局 ❸□老師或親友介紹

　❹□書展⇨____書展 ❺□心理心雜誌 ❻□書評 ❼其他_____

四、您希望我們舉辦何種活動：（可複選）

　❶□作者演講 ❷□研習會 ❸□研討會 ❹□書展 ❺□其他____

五、您購買本書的原因：（可複選）

　❶□對主題感興趣 ❷□上課教材⇨課程名稱_____

　❸□舉辦活動 ❹□其他_____　　　　（請翻頁繼續）

廣　告　回　信
台 北 郵 局 登 記 證
台 北 廣 字 第 940 號
（免貼郵票）

 心理出版社 股份有限公司

台北市 106 和平東路一段 180 號 7 樓

TEL: (02) 2367-1490
FAX: (02) 2367-1457
EMAIL:psychoco@ms15.hinet.net

沿線對折訂好後寄回

六、您希望我們多出版何種類型的書籍

❶□心理 ❷□輔導 ❸□教育 ❹□社工 ❺□測驗 ❻□其他

七、如果您是老師，是否有撰寫教科書的計劃：□有□無

　　書名／課程：＿＿＿＿＿＿＿＿＿＿＿＿＿＿＿＿＿

八、您教授／修習的課程：

上 學 期：＿＿＿＿＿＿＿＿＿＿＿＿＿＿＿＿＿

下 學 期：＿＿＿＿＿＿＿＿＿＿＿＿＿＿＿＿＿

進 修 班：＿＿＿＿＿＿＿＿＿＿＿＿＿＿＿＿＿

暑 　 假：＿＿＿＿＿＿＿＿＿＿＿＿＿＿＿＿＿

寒 　 假：＿＿＿＿＿＿＿＿＿＿＿＿＿＿＿＿＿

學 分 班：＿＿＿＿＿＿＿＿＿＿＿＿＿＿＿＿＿

九、您的其他意見

＿＿＿＿＿＿＿＿＿＿＿＿＿＿＿＿＿＿＿＿＿＿＿＿

謝謝您的指教！　　　　　　　　　　　　21064